# *Igherbiene, Mémoires à vif*

## *Par Slimane Ait Slimane*

© 2020, Ait Slimane, Slimane
Edition : Books on Demand,
12/14 rond-Point des Champs-Elysées, 75008 Paris
Impression : BoD - Books on Demand, Norderstedt, Allemagne
ISBN : 9782322236152
Dépôt légal : juin 2020

# *La Bastille, rue Saint Sabin*

## *Igherbiene, Mémoires à vif*

*Par Slimane Ait Slimane*

*Avril 2020*

## Ath Kaci

Originaires de Baghlia, en basse Kabylie, les Ait Kaci s'installèrent d'abord à Chaïb, puis finirent à par adopter Tamda comme chef lieu de leur puissance. Les grands parents d'Ait Kaci furent pour la plus part, inhumés dans le cimetière Amzawrou, à Chaïb.

Les membres de cette famille, étaient depuis le protectorat turc, soit bachaghas, soit aghas, soit caïds ou soldats de métier au service de leur propre autorité. Les turcs leur cédèrent un certain pouvoir local. Ils avaient le commandement sur la vallée du Sebaou et la Haute-Kabylie. A l'arrivée des français, ils reprirent le même statut.

C'était une famille riche et propriétaire foncier, respectée et redoutée dans toute la Kabylie. Elle était constituée d'une armée de cavaliers bien entraînés dans l'art militaire.

La cavalerie des Ait-Kaci est connue aux alentours par ses raids éclair afin de percevoir les impôts, auprès des populations réfractaires à cette obligation.

Au mois de juin 1871, la tension est très électrique dans toute la Kabylie. Les français commencèrent à s'inquiéter, dépêchèrent une compagnie de fantassins auprès des caïds Ahmed et Ali fils du célèbre bachagha Moh Ait-Kaci, pour les amener à se dresser contre les insurgés, qui commençaient à recruter dans la région de l'Arbaa Nath Irathen.

Le caïd Ali entouré de ses hommes, reçut l'unité française dans l'immense cour de sa résidence à Tamda. La conversation s'engagea immédiatement entre le Caïd et le capitaine, debout entourés des leurs.

Le caïd tentait d'apaiser le capitaine en détresse, celui-ci vociférait, hautain et peu respectueux envers son interlocuteur hôte, plus âgé que lui et toujours calme. Révulsé par cette irrévérence, un jeune des Ait-Kaci, ne se retint pas plus longtemps, brisa l'ambiance et tira sur le capitaine à bout portant d'un coup de fusil en plein ventre et l'homme s'écroula raide mort.

Une violente bagarre accrocha les Ait Kaci et les français, rapide et meurtrière, elle tourna à l'avantage des Ait Kaci. On déplora plusieurs morts et blessés du côté français, dont furent fait une vingtaine de prisonniers. D'autres rescapés réussirent à s'enfuir. L'irréparable fut fait.

Dans la hâte, les Ait Kaci sellèrent les chevaux et chargèrent les sur les mulets armes, munitions, vivres et tous ce qu'ils jugèrent nécessaire pour la survie en en campagne. Ils emmenèrent les prisonniers et se dirigèrent vers Akfadou, pour rallier les insurgés.

## Ath Lhocine

A cause des plaines d'Azaghar, les Ait Kaci et Ait Jennad étaient parfois en conflit, sur un fond d'une rivalité permanente. Ainsi, ils recevaient souvent des fugitifs provenant des Ait Jennad.

Dans le village Igherviene, un litige s'engagea entre deux grandes familles, plutôt voisines, voir cousines, probablement vers l'année 1880. La tension déboucha sur un affrontement physique armé, dans la broussaille d'Imezlay, à l'Est du village, sous le regard du rocher Ouzaya. On dénombra alors plusieurs morts, 7 victimes du côté des futurs Ben Saïd, et 6 victimes du côté du groupe qui deviendra les Ait Gherbi.

Cette tragédie qui arrivait à son paroxysme, connut soudain un répit suite à l'apparent équilibre dans les dégâts causés. Les villageois supposaient alors et espéraient un calme après la tempête. Mais la différence en nombre de morts, laissait planer la menace d'une vengeance certaine. Une des deux familles dut se confiner pendant près de deux mois pour parer aux représailles.

Les sages du village intervinrent alors pour intercéder entre les deux belligérants. Ils se résolurent à faire déménager les deux camps, et les firent quitter définitivement le village.

L'un des deux groupes, s'exila vers Tamda. A l'époque il y avait encore Ait Kaci. L'autre groupe, dut partir dans la direction opposée, vers la côte. Ait Réhouna.

Les Ait Kaci reçurent les exilés vers le sud, afin de leur éviter la vengeance. On disait à l'époque de leur propension à offrir asile aux réfugiés et autres fugitifs :

'Celui qui a tué, doit habiter Tamda'. En Kabyle, 'Win inghan izdegh Tamda'.

Chez Ait Kaci, si l'homme était fort, il devenait systématiquement cavalier, mais et s'il était d'une santé précaire, il faisait du pâturage. Ils engagèrent alors deux hommes de la famille d'Iqajiwen nouvellement reçue.

L'un d'entre eux, vécut assez longtemps et eut des enfants. L'autre, Hocine, fut tué au combat, alors qu'il était encore très jeune et célibataire. En référence et en hommage à sa mémoire, la famille en exil devint Ait el Hocine.

Vers la fin du siècle, les territoires d'Ait Kaci commencèrent à être rognés par l'envahisseur Français. Ils proposèrent alors à Ait el Hocine de quitter Tamda, en leur laissant le choix de la terre où s'installer. Ils avaient mérité leur récompense, pour avoir donné des martyrs. Les Ait Hocine demandèrent alors un champ près d'Ait Jennad. Ainsi ils choisirent Nezla.

Les Ben Saïd, étaient une famille de Cheikhs, le dernier d'entre eux, était cheikh Arezki. Au sein du village Ait

Rehouna, ils exerçaient leur vocation d'Imam de père en fils. Lorsque le père de Cheikh Arezki, revint d'Ait Rehouna, pour instituer comme Imam dans le village Igherbiene, il n'avait plus de terre pour construire et s'y installer. Les Ait Hocine leur cédèrent alors des parcelles de leurs terrains abandonnés.

## Ath Amar

Moh Amechtoh, naquit vers le début des années 1860, d'une mère originaire d'Ath Slimane, une certaine Tassadit Nat Slimane. C'était une femme qu'on disait d'un charme rare. Ainsi, Mohand fut recueilli par ses grands parents maternels, afin de lui permettre de se forger un caractère et une vigueur auprès de son grand père, Mhend ou belkacem, qui deviendrait aussi le grand père paternel de Mhend Ouslimane.

A l'époque, la tradition requérait que les garçons, dans la mesure du possible, soient envoyés dans les familles puissantes, pour qu'ils s'inspirent des hommes forts. De part son vécu, il était la mémoire du village.

Moh Amechtoh, se souvenait de la première bataille de l'arrivée des français à Ath Jennad. Elle s'engagea à Tizi Bounoual, il était encore enfant. C'était l'insurrection d'el Mokrani et Cheikh Ahedad. Chaque famille qui avait un jeune en capacité de se battre, devait l'envoyer au front pour résister aux français.

Pour Ath Slimane, il y eut deux morts, dont l'un s'appelait Mahmoud. Il était de la famille de M'hend ou Belkacem. Les deux martyrs, furent ramenés par Amar Ouyahia, portés sur ses épaules. C'était un colosse. Ils furent inhumés tous les deux au cimetière d'Annar, dans une même tombe. La seule vraiment visible.

Moh Amechtoh avait connu l'époque où il y avait encore des lions à Achrouf Nat au dessus du village. Lorsque l'état civil commençait à être établi et les familles se faisaient attribuer des noms administratifs, dans la région d'Ait Jennad, il faisait du pâturage, mais il était déjà un homme assez bien constitué. Le recensement se déroula entre 1982 et 1991.

Il racontait que Hend Agharbi, ancêtre du village Igherbiene, vécut entre le 7$^{ème}$ et le 8$^{ème}$ siècle hégire, qui coïncidait avec la période où les berbères revenaient d'Espagne à la chute de Grenade. Beaucoup d'entre eux avaient fait des études et se dispersaient dans les villages en profitaient à qui en voulait.

Vers l'année 1900, Haj kaci et et Taadourt, que tout le monde appelait bien plus tard Yema Tamghart, se retrouvèrent dans une fête de mariage dans le village.

Jusque là, les célébrations de mariage étaient mixtes, homme et femmes. Il y avait souvent des joutes verbales, accompagnant des chants lyriques.

L'heure de la poésie était toujours le moment le plus attendu, tant les Kabyles accordaient une place centrale au choix des mots.

Une femme, qui était jusqu'à une époque récente, la mémoire du village, Malha, fille de Haj kaci, se rappelait de quelques mots prononcés par son père en direction de Taadourt, tels qu'ils furent rapportés par des témoins.

- A teffahs Ou mellakou.
- Itsebwan ur irekou.
- Tin youghen tizyas techfou
- Tadsa ger meden ats tetsou
- *Ô pomme de Mellakou. Une région de l'ouest Algérien.*
- *Qui murit et ne pourrit jamais.*
- *Celle qui épouse un congénère*
- *Elle oublie le rire en public.*

Taadourt lui donna une réplique plus vive et plus cruelle, disait Malha. Le malaise était tel, qu'à partir de ce jour, les sages du village se résignèrent à abolir la mixité dans toutes les fêtes de mariage.

Haj Kaci décéda vers l'année 1919, alors que son fils ainé Mokrane était déjà un adolescent. Malha se rappelait qu'à la mort de son père, « Les Kabyles mobilisés, revenaient de la grande guerre. Son fils cadet Moh El Haj, était né depuis quelques mois seulement ».

## Abderrahmane

Peu après le milieu des années trente, Abderrahmane-N-hend, était déjà un quadragénaire bien assumé. Très matinal, peu avant l'aube, il se dirigeait régulièrement à la mosquée mitoyenne, et n'en ressortait qu'à l'aurore. Son chemin piéton étroit, Tacherchourt, passait tout près de la maison de Hend Ouamar.

Le fils de ce dernier, Ali Hend Ouamar, naquit en 1895, voila plusieurs années qu'il était marié, probablement bien avant l'année 1930. Mais le syndrome de la stérilité semblait le guetter, et hanter son épouse, Fadma Taaliths.

Cette dernière, se résolut un jour à forcer la main à son destin, et se leva assez longtemps avant l'aube. Elle alluma le feu et prépara une galette molle, pour la quelle la levure était nécessairement laissée monter et fermenter depuis la veille. Elle attendit sur le chemin, près de la maison, juste avant l'heure de la prière et intercepta Abderrahmane. Elle mit entre ses mains les galettes encore fumantes, et prit congé. Ce dernier lui psalmodia alors des prières comme il savait les faire. On dit qu'il était un expert dans la prière oralisée et lyrique. C'était vers la fin de l'été. Fadma rentra à la maison avec la certitude de pouvoir espérer des jours meilleurs. Elle n'attendra pas au delà de quelques semaines avant d'être enceinte de son premier enfant. Ce n'était pas encore l'hiver.

## Lounès

Fernan El Hanafi, était l'un des précurseurs les plus actifs du Mouvement national. Il fut mortellement blessé le 18 mai 1955 au cours d'un accrochage avec la police coloniale de Belcourt, au chemin Vauban à Alger.

Il succomba à ses blessures deux jours plus tard à Chebli, où il fut clandestinement enterré. Il avait un neveu qui était militant du FLN, installé en Allemagne durant les années de la guerre de libération.

« Un jour, en Allemagne, je discutais avec le neveu de Fernan. Nous ne nous connaissions pas encore. Alors, Fernan me demanda le nom de mon village d'origine. Je répondis « Igherbiene Nat Jennad ».

Fernan fit un bon en arrière, le visage devint blême, il me regardait hébété, pendant un moment d'hésitation et d'appréhension, et il reprit ses esprits et le fil de la conversation, avant de me demander ;

- Alors tu connais un homme au nom de Lwennas Igherbienne ?
- Oui, il est de mon village.
- Il a commis beaucoup de dégâts dans mon patelin !

Lounès devait être né vers 1900. Lui, son frère cadet et son ainé Arezki, étaient encore enfants lorsque leur mère décida de quitter le village.

Elle apprit de la part de son mari, qui venait de rentrer un soir à la maison, qu'il avait fini de vendre toutes ses terres, au profit de ses cousins, Amokrane et Hend Ouamar entre autres. L'épouse, qui était originaire de Mira, prise d'une crise de nerf à cause de ce qu'elle considérait comme une spoliation, ou grave naïveté de son époux, s'en alla sur le champ, laissant le mari seul à la maison. Elle marcha toute la nuit, emportant avec elle ses petits. Ce fut aux environs de 1910.

Elle se dirigea d'abord vers son village natal où elle confia ses enfants à ses cousins entres autres, pour les recueillir et les garder pour un temps indéfini. Ils se mirent à travailler la terre et le pâturage pour le plus jeune. Arezki avait 11 ans.

La mère esseulée se retrouva plus tard près de Tawint ou Lekhrif. Il y avait déjà sur place une famille immigrée d'Imesunen.

Arezki et le frère cadet, continuèrent à travailler sérieusement. Le plus jeune finit par acheter un terrain à Tawint ou Lekhrif. Arezki, s'installa à Guendoul.

Lounes, quant à lui, progressivement, il glissait vers le banditisme.

Il vivait le clair de son temps à Larbaa Nath Irathen. Il marchait beaucoup, il aidait les gens comme chasseur de prime, l'un est agressé, l'autre a été volé, il devait alors intervenir. Et toute action avait un prix. Mais il revenait au village parfois, surtout pour se rappeler ses terres.

Plus tard, Lounès voulut se voir restituer les terres de ses parents. Il les réclama alors auprès d'Ali Hend Wamar, qu'il menaça de mort s'il ne daignait pas satisfaire à la demande du cousin devenu étranger. Il lui fixa un délai pour signer le document de cession.

Dans la semaine où le délai fixé devait expirer, les gendarmes qui l'avaient auparavant blessé se mirent à sa poursuite. Ils le rattrapèrent après un long parcours sur son chemin vers vers Azazga. Capturé, Lounes resta près d'un mois en prison.

Des témoignages affirment qu'Ali Hend Wamar, lui avait promis la restitution de ses terres.

Emprisonné à Tizi Ouzou. Sa mère lui rendait visite régulièrement. Mais il avait déjà beaucoup d'ennemis. Près d'un mois après, empoisonné par des habitants de Larbaa, manifestement, il mourut en prison de Tizi Ouzou vers l'année 1948.

A sa mort, le commissariat prit contact avec sa mère, qui se dépêcha sur place aussitôt. A son arrivée, les policiers, le commissaire, se levèrent et enlevèrent leur chapeau en signe de respect pour saluer la dame endeuillée.

Il y eut des funérailles protocolaires, en présence de sa mère et ses frères. Il fut enterré au cimetière de M'douha. Sa mère vécut jusque 1962. Jegiga g Yahia, belle-fille d'Arezki, connaissait la mère de Lounès. 'Elle était déjà centenaire' se rappelle-t-elle encore.

## Yahia

Cheikh Salah, un imam d'une grande notoriété dans la région d'ath Jennad, instituait à la Zawia de Timizart N Sidi Mensour. Il apprit un jour qu'il était menacé de mort et sa tête était mise à prix. Un tueur à gage connu était déjà prévu pour accomplir la besogne. Le Cheikh était informé qu'il s'agissait d'un habitant du village Tifra, dans la région d'Iflissen Lebhar près de Tigzirt. Le cheikh, depuis, ne sortait plus de chez lui. Seul son frère s'occupait de ses communications extérieures et autres besoins en tout genre.

Le frère du cheikh rendit visite alors à Moh Amechtoh, un notable du village Igherbienne ou fella.

Moh Amechtoh intervint et fit appel à un certain Yahia. Convaincu que ce dernier serait pour cette affaire, tout à fait dans son élément.

Yahia naquit à Nezla, devenu plus tard village Igherbienne Bwada, vers 1890. Son père, était encore jeune quand il quitta le village. Il faisait partie de la grande famille exilée, devenue Ath el Hocine, chez les Ath Kaci. Yahia vécut adulte comme chasseur de prime et hors la loi. Il était connu en Kabylie, en particulier par ses pairs, et autres commanditaires, potentiels et habitués ou victimes de basses œuvres.

Yahia monta sur son cheval. Galopa à toute allure, jusqu'à la devanture de la maison du fameux tueur à gage à Tifra. Il trouva sa fille devant la maison et l'interpela.

- Ou est ton père ?
- Il n'est pas là.
- Dis-lui quand même de venir me voir.

La fille, après courte hésitation, rentra à la maison, et décrit à son père l'homme menaçant qui le réclamait.

Le concerné était pris de d'un stress palpable. Hésita un instant, et il finit par se montrer, même s'il était persuadé qu'il serait menacé de mort à son tour. Un influent personnage l'avait déjà payé pour la tête du cheikh Salah. Les deux hommes se mirent à part loin de la petite fille, et échangèrent quelques mots, sur un ton viril et cordial.

- As-tu l'intention de tuer Cheikh Salah ?
- Tout à fait.
- Alors tu ne le feras pas !
- Mais si, j'ai déjà dépensé la moitié de la somme perçue.
- Tu vas aller voir le commanditaire, et tu lui diras 'nous avons déjà dépensé tout l'argent, et le cheikh ne sera pas tué. C'est de la part de Yahia Nat Jennad'.
- Comment ça ?
- S'il arrive un problème à Cheikh Salah, tu seras mort.
- Ça ne va pas être facile.

- Si tu es menacé par ton commanditaire, je serai à tes côtés. s'engagea Yahia.
- Alors le cheikh ne sera pas tué. Promit le tueur à gage.

Ayant atteint l'objectif pour lequel il y était venu, Yahia repartit sur son cheval, galopant. Il retrouva le frère du cheikh et annonça la nouvelle.

- Ton frère peut maintenant sortir. Il n'est plus menacé. Le tueur l'a promis.

Le cheikh fit venir alors Yahia à la Zawia de Sidi Mansour et lui proposa :

- Comment pourrais-je te remercier ?
- 'De la prière pour mes filles'. souhaita Yahia, qui ne souffla pas un mot sur ses garçons.
- Elles vont alors toutes s'épanouir, même la non-voyante. Promit le cheikh.

Wrida, se rappelle encore un peu de son père. Il était plutôt roux, ses moustaches étaient bien fournies et blondes grisonnantes. Ses yeux bleus ne passaient pas inaperçus. Il était petit de taille, d'un gabarit bien constitué et musclé. Il décéda près de deux ans avant la guerre de libération. Il n'avait que 63 ans.

Plus tard, le fils de Moh Amechtoh, Ahmed, par sa deuxième épouse Tagemount, épousera Wrida, la fille cadette du chasseur de prime.

« Durant les années fin 40, début 50, son père étant arrivé au grand âge, depuis déjà très longtemps, Ahmed Moh Amechtoh, seul garçon, ne lésinait pas sur ses forces pour maintenir le dynamisme économique de la maison. A l'heure où tous les villageois faisaient la sieste, Ahmed sortait au milieu de la journée, sous le soleil brulant d'été, aggravé par l'atmosphère poussiéreuse de la plaine Azaghar. Il était souvent muni d'une gamelle, une gourde, une faux, ou autre outil rudimentaire, pour récolter les céréales, dans les champs interminables à Tighilt Ferhat»

« Je me souviens d'Ali Nat Amar. Il avait un seul garçon, Moh Saah. C'est l'un des premiers du quartier Ath Amar. J'ai souvenir de lui, durant les années 40. Il mettait des bottes de cuir de bœuf, attachées avec des ficelles qui remontaient jusqu'à ses genoux. Je passais avec mon troupeau de bétail, je le trouvai en train de reconstruire un muret de pierre dans son terrain à Tilmatin Tiguezarin, à l'extérieur du village. Son père était le frère cadet du père de Moh Amechtuh ».

**Mohand Sahoui d'Azazga**, était un ancien boxeur international, vers la fin des années 40. Il soutint un jour que 'l'indépendance a été acquise grâce aux gens qui travaillaient des deux côtés'. Il reconnait avoir 'égorgé des harkis en France'. 'J'ai été accueilli par des juifs à Paris. Ils s'occupaient de ma promotion. Ils me fournissaient des moyens pour m'entrainer. J'avais gagné beaucoup de combats. A mon arrivée au sommet, c'était eux qui m'ont mis un coup d'arrêt. Les juifs sont comme ça. Ils t'aident à grandir, mais ils ne te laisseront pas les dépasser'

'Les harkis étaient très présents en France durant la guerre. Il y en avait parmi les Kabyles. Mais la plupart des harkis étaient arabophones. La plupart de ceux que j'ai connus étaient de la région d'Oran. Nous entre Kabyles, nous nous connaissions, nous étions sévères entre nous, nous-nous tolérions pas de fautes'.

Mohand Sahoui naquit en 1926. Il rendait souvent visite à ses grands parents maternels à Ain el Hammam. Durant l'adolescence il avait l'habitude de s'amuser avec ses congénères dans cette région à se bagarrer dans un esprit tout a fait sportif. A l'âge de 14 ans, il y jouait Tiqar. Un genre de duel de coup de pieds, ancestral, très répandu en Kabylie jusqu'à une époque récente. Ils étaient un groupe de jeunes garçons. Parmi eux, il y avait un certain Hocine Ait Ahmed.

Sahoui décrit Ait Ahmed comme étant 'un garçon bien élevé, toujours bien habillé. Ses origines bourgeoises ne passaient pas inaperçues. Il parlait en kabyle, et il parlait du Kabyle, comme une culture et une façon de vivre. J'ai fait plusieurs fois un duel Tiqar avec Ait Ahmed. C'était au début de la guerre mondiale. Puis, je n'ai plus entendu parler de lui. Mais il n'était pas connu à cette époque. Ce n'est que vers le début de la guerre de libération que son nom m'est réapparu de nouveau'.

'J'ai fait mieux qu'Oumeri. Si je tombais sur des voyous en train d'agresser quelqu'un, je me mêlais à chaque fois. Je ne pouvais pas y être indifférent. J'étais sportif et très vif. Je frappais, j'envoyais à terre, à l'hôpital et parfois je tuais, mais je disparaissais aussitôt. Je ne laissais jamais de trace. Je n'avais jamais été inquiété par les autorités'. A l'âge de 90 ans, Mohand Sahoui, est toujours debout, solide, et d'une gestuelle surprenante'.

'Je travaillais à l'usine et j'avais des amis issus de plusieurs régions du pays. Quelqu'un est venu me voir un jour'.

- 'Si Moh, on a besoin de toi',
- 'Pas de problème, je suis disponible'.

'Alors, j'ai quitté l'usine depuis, et j'ai adhéré à l'**O**rganisation **S**ecrète. Notre chef à l'époque, le plus haut gradé que j'aie connu, c'était Si Hmimi, de la petite Kabylie, c'était notre chef de l'OS. Les Moudjahidines, étaient tous passés par là'.

'Je suis revenu au village en 1954, je ne voyais pas encore de gendarmes en train de chercher, mais je voyais des convois militaires passer dans la direction d'Iakourène, pour aller je ne sais où. En revanche, les militants actifs, on les entendait parler, en particulier Ouamrane'.

'Ce qui me surprit, c'est que lorsque j'ai quitté le pays une autre fois vers fin 1955, en arrivant en France, j'entendais plus facilement parler de la révolution que dans le village. C'était là-bas que j'ai pris connaissance de la nature des évènements, alors qu'ici je n'en savais pas grand-chose'.

'On nous appelait alors la police locale. Nous faisions de la vérification ; qui a cotisé, qui est du FLN et qui est messaliste. Ça se passait toujours la nuit. On ne dormait pas'.

'Les messalistes nous agressaient parfois alors que nous ne les attaquions jamais. Mais nous nous protégions. Nous restions toujours sur nos gardes'.

'Ça a duré comme un an, et on nous a fait un appel, de l'étranger, on ne savait pas d'où, pour rentrer et rejoindre le maquis'.

'A la bastille, j'ai connu Haj Tayeb, d'Ath Bouhni, Il avait un bistrot à la rue Rural, lui et son frère. J'ai souvenir de leur départ, tous les deux, pour venir ici prendre les armes. J'y étais. Haj Tayeb a pu traverser, il devint par la suite commandant. Mais son frère a été tué en France'.

## Hemd ou Umallul

« Ahmed Umallul était un bandit très connu dans la région. Il habitait Kahra. Il s'était fait arrêter par les autorités françaises suite à un crime. Sa sentence fut alors de l'envoyer à la prison de Cayenne, dans la Guyane française. C'était le cas de la plupart des hors la loi de l'époque ».

« En 1949 il était revenu de la Guyane, après avoir purgé sa peine. Il se mit alors à préparer son mariage ».

« Il se maria vers l'année 1950. Ce jour là, j'étais au courant de l'évènement de la soirée. Je me me dépêchai alors de ramasser et de ranger la récolte, des figues sèches, à Tighilt Ferhat, afin que je puisse me rendre à Tala Gueghsan à temps. J'y étais attendu par un homme d'un certain âge, Mhend ou Lwennas, du village Ibdache. Il était sage et très généreux. C'était de là que nous partîmes avec lui, pour assister au mariage d'Umallul ».

« Hend était vêtu d'une tunique, un turban appelé en kabyle el bechta et un sarouel. Il dansait devant Idebalen, tout amusé ».

« Des gens spéculaient sur ses ennemis ce jour là, ceux qui l'auraient balancé. On disait que c'était eux qui lui auraient payé les frais de ce mariage. Il se paya d'ailleurs deux troupes Idebalen. Ce serait pour eux un moyen de se racheter et d'éviter ses représailles».

« On racontait qu'un jour, un caïd et un garde champêtre, rentrèrent dans un café maure. Ils trouvèrent à l'intérieur Hend Umallul entre autres. Il était assis, à table, en train de boire. Son fusil était appuyé contre un mur. Ils se dirigèrent naturellement vers lui et l'interrogèrent.

- C'est à toi le fusil ?
- Oui.

- Vous avez le permis de port d'armes ?
- Non, je n'en ai pas.
- Nous le récupérons alors.
- D'accord, prenez-le.

« Ils prirent le fusil et tournèrent les talons pour se diriger vers la sortie. Ils n'eurent pas le temps de faire un pas qu'Ahmed les rattrapât courtoisement avec un imparable rappel ».

- Mais ma mère m'a vu ce matin quand j'ai quitté la maison. Elle voyait que j'étais muni de mon fusil !

« Les deux agents hésitèrent un instant, comme frappés d'une torpeur. Puis, ils se résignèrent à lui restituer le fusil. « Ils étaient sans doute conscients de l'esprit de vengeance animant l'irréductible hors la loi ».

« Des gens témoignèrent que Hend Umallul avait été très utile durant la guerre de libération ».

## Messali

« A Aghribs, Messali fit un jour un discours sur un rocher. Un homme lui tenait la main tout le long de son allocution pour assurer son équilibre ».

« Nous sommes tous allés le voir à Agouni Cherqi. Il y était venu ce jour là, car c'était le jour du marché. Pour faire un discours devant une assemblée publique assez nombreuse ».

« A la fin de son discours, Il partit d'Agouni Cherqi pour se rendre à Timerzuga à bord d'une voiture. Nous les jeunes, fîmes la route à pieds. Nous-fumes quand même arrivés à Timerzuga bien avant lui. Tahar Moh Belhaj était notre chef. C'était le chef des jeunes militants ».

« A la fin de son discours à Timerzuga, Na Taadourt échangea une embrassade avec Messali. Saïd Aadour, un cousin éloigné de Yema tamghart, le reçut chez lui pour déjeuner, à Timerzuga. C'était dans cette vieille maison encore intacte aujourd'hui, en dessous de la route, juste avant l'intersection qui mène à Tala t-Gana ».

« Pour la soirée, il était invité chez des gens à Ighil Mehni. Il y dina et passa la nuit. C'était vers l'année 1949. Je n'avais pas encore quitté la région ».

« Messali, c'était aux Kabyles qu'il faisait le plus confiance. Même son cuisinier était Kabyle. Mais il avait un problème avec l'identité. Il ne voulait pas entendre parler de la berbérité de l'Algérie. Trop influencé par un certain Arsalan ».

« Parmi les messalistes, il y avait beaucoup de Kabyles. Car Messali était un révolutionnaire. Il ne demandait pas l'égalité des droits. Il parlait directement d'indépendance. Ce n'était pas comme Ferhat Abbas, Bachir ibrahimi et Ben badis».

« En 1936, il revenait de France, il devait faire un discours à Alger. Ils avaient tous parlé des droits et davantage d'autonomie. Messali prit une poignée de terre, et déclara devant la foule -cette terre n'est pas à vendre, et personne ne l'a achetée. L'indépendance ça ne se donne pas, ça s'arrache-. Depuis ce jour il a conquis les Kabyles. Les Kabyles ont toujours été des révolutionnaires. Si seulement il n y avait pas de conflits entre eux ».

**Zarouali**, né en 1921, et Mohand Saïd Mazouzi, né en 1924, étaient de Dellys. Deux grands militants du mouvement national. « Ils tirèrent un jour sur le Caïd Mohand n Saïd ou Belaïd, qui était installé à Tikoubaine et le blessèrent légèrement ».

« Ils prirent le maquis des 1945. Ce fut juste après le massacre de Kherrata du 8 mai. Ils avaient répondu à l'appel de la direction du PPA d'aller au maquis, lancé dans la foulée des évènements. Il y eut par la suite un contre ordre, pour ne pas prendre les armes. Mais Mazouzi et Zerouali étaient déjà loin et ne furent jamais rentrés. Ils finirent par se faire arrêter dans un champ de céréales en octobre 1945, sur trahison d'un de leurs anciens camarades. En plus des tortures qu'ils subirent, ils passèrent passé 17 ans de prison. Ils ne furent libérés qu'à l'indépendance ».

« A la libération, ils s'installèrent à Paris. Ils avaient toujours la fibre messaliste, en plus de leur déception de voir la trahison dont a fait l'objet la révolution de la part de l'armée des frontières ».

« Un jour Messali devait faire une réunion publique à Paris. Zi-Mohand en était informé, il se rendit alors sur les lieux, alors qu'il devrait être au travail. Il écouta le discours de Messali, et à la fin il revit ses anciens camarades de lutte, Zarouali et Mazouzi. Ils discutèrent un moment, puis ils proposèrent à Zi Mohand de reprendre le combat. 'Nous te laisserons le 21$^{ème}$ arrondissement de Paris sous ta responsabilité' lui soumirent-ils ».

« Au cours de la conversation avec Zi-Mohand, Mazouzi lâcha cette phrase qui résumait bien son sentiment de désolation qu'était le processus juste avant et juste après l'indépendance ».

« Nruh anekes tavarda, aranaghid achwari »

« *On a essayé d'enlever la selle, et ils nous ont remis un bât* ».

« Zi-Mohand déclina courtoisement la mission dont il fut honoré, et expliqua qu'il était seulement venu les voir, prendre de leurs nouvelles, et pour se rappeler le bon vieux temps. Mais qu'il n'avait plus l'esprit au militantisme de cette nature. La guerre pour lui était finie ».

« A l'indépendance, Messali avait beaucoup de difficulté à obtenir la nationalité Algérienne. Les deux anciens maquisards, Zerouali et Mazouzi, jouaient encore l'intermédiaire auprès de l'administration d'Abderrahmane Farès, installée à Rocher noir en 1962. Ils réussirent à lui obtenir les papiers. Mais les deux militants finirent par rompre les liens avec la nouvelle direction sous Ben Bella. Ils ne pouvaient plus intervenir en faveur de la régularisation de Messali ».

« La Fille de Messali, qui n'avait qu'un passeport marocain, tout comme son père, demanda à Saad Dahlab d'intervenir auprès de l'ambassade d'Algérie au Maroc pour obtenir la nationalité. Dahlab leur promit une réponse hâtive et positive. Il n'y donna plus de nouvelle. Messali et sa fille comprirent alors que le régime Ben Bella avait refusé la nationalité et ne pourrait plus espérer la réhabilitation de Messali Haj ».

## Chara

« Les premiers rebelles, comme Ouali Benaï, Hammouda Amar et Ait Ahmed, se réunissaient souvent dans un terrain à Laazib n Cheikh Mohand, près de Laarbaa Nat Irathen ».

« Le père de Chara les trouvait affalés à l'ombre et les réprimanda un jour en ces termes 'vous ne devriez pas rester là à vous prélasser comme ça, comme des feignants. Vous devriez aller travailler la terre'. Chara expliqua alors à son père 'ils sont la pour se réunir, parler politique et se réfugier'.

## Ouamrane

« Sous Aqunja, dans le village Igherbiene, en plein jour d'été, Moh Cheikh se promenait tranquillement, au milieu des arbres de frêne, près d'une maison appartenant à la famille Ouacif, quand soudain un homme bien baraqué, lui apparut en tricot de peau, le fixant des yeux sans échange de mot. L'adolescent fut surpris, se hâta d'arriver à la place d'Aqunja pour raconter, et y trouva Mohand N Said, et lui demanda » :

- C'est qui ce mec aux bras musclés que j'ai trouvé sous les arbres ?
- Mohand-n-said Ouacif lui répliqua le taquinant : va lui ramener Ahmed ton ainé, pour un duel avec lui.

C'était Amar Ouamrane.

« Un jour Abane, accompagné du colonel Ouamrane, se rendirent chez Ferhat Abbas, pour le faire rallier le FLN. Leur hôte posa alors sur la table un panier de biscuit. Ouamrane se laissa aller à sa gourmandise avérée. Abane gêné, lança à son camarade 'Amar, tu nous fais honte' ».

« J'ai eu l'occasion de voir Ouamrane à Abizar. Il y avait une célébration rituelle, ils invitèrent alors, Kaci Ihedaden, Oucharqi et Ouamrane. Ce dernier fit un discours à la fin. Il était déjà nerveux depuis cette époque quand il s'exprimait. Il était de taille moyenne, plutôt fort. Il était le chef de notre secteur, souvent logé à Igherbiene ».

« A cette réunion publique, Vriruch vanta les grandes qualités d'Oucharqi, un futur maquisard, sergent dans les rangs de l'ALN. Il était du village Boussehel. Ce dernier tomba au champ d'honneur, lui et deux de ses enfants, Kaci Ihadaden devint capitaine par la suite ».

« Un jour, Ouamrane revenait d'Azeffoun, il était chez un ancien militant, où allait souvent pour se réunir.

Il fut ce jour-là balancé. Il était assis aux sièges arrière. Le bus arrivait au niveau d'Aassas Tiwidiwin, où des gendarmes tenaient un barrage, alors le bus s'arrêta. Les gendarmes montèrent dans le bus, ils avaient vérifié les papiers de tous les passagers quand ils arrivèrent aux sièges arrière. Ils demandèrent à Ouamrane,

- Vos papiers Monsieur !

Il fit mine de les chercher, puis s'excusa.

- « Je les ai oubliés à mon travail. Je travaille dans un Hammam à Azeffoun. Je vous jure, j'ai dû me retourner quand je faisais ma pause, et les papiers seraient tombés de ma veste. Si vous voulez j'y retourne pour les chercher.
- Non, vous n'y retournerez pas. Levez les bras.

D'un geste prompt, Ouamrane dégaina un pistolet 9 mm, et répliqua narquois aux gendarmes.

- Non, c'est à vous de lever les bras.

Et lança au Chauffeur,

- Ouvre la porte arrière.

« Il mit les pieds dehors, puis tira deux coups de feu pour intimider, sans vouloir toucher, puis s'évanouit dans la nature ».

« Dans les jours suivants, en réunion, dans la région d'Ath Jennad, il raconta l'histoire, mais tout à la troisième personne. Laissant sa place à un inconnu dans son récit ».

« 'Voila ce qu'un homme courageux a fait. Nous devrions tous nous en inspirer', leur dit Ouamrane».

**Mohand-ou-Abderrahmane**, Ait Slimane de son vrai nom, naquit en 1925 au village Igherbiene. C'était un élément très actif du mouvement national dans la région d'Ath Jennad. Il avait l'habitude, très jeune, d'assister aux réunions des plus anciens dans le mouvement. Il jouissait d'une qualité oratoire reconnue, appuyée par sa voix grave et détonante. Il raccompagnât un jour, un certain Lahouel Hocine, sur un dos d'âne, traversant le village en direction de Mira, lui et Idir-Ou-Saïd.

« Ouanouch était un Caïd bien avant la guerre, habitant le village Mira. Zi-Mohand, distribuait des tracts, et certains étaient écrits en arabe, il les jetait alors dans la cour de maison du Cheikh Arravie. Des gens dans le village le surent. Quelqu'un de rompu à la délation, le balança auprès du fameux Caïd. Ce dernier le convoqua alors chez lui. Il devait s'attendre à une dénonciation à la gendarmerie puis une arrestation. Le Caïd lui recommanda seulement d'aller travailler et s'occuper de sa famille. Mohand ne fut jamais signalé aux autorités françaises sur cet acte. A l'indépendance Ouanouch ne fut pas touché par les représailles. Les maquisards ne l'inquiétèrent pas, mais ils refusèrent de lui signer les papiers d'un moujahid. Il finit par quitter le territoire, pour aller vivre en France, sans avoir subi de pression. Il était connu pour être un Caïd bienveillant ».

« Ouamrane, envoya un message à Zi-Mohand pour assurer une mission, par l'intermédiaire de Hemd-n-Cheikh, mais ce dernier ne daigna pas transmettre la missive. Ainsi Zi-Mohand fut pris au défaut d'assiduité à ses responsabilités, probablement par jalousie ».

**Mohand-ou-Idir** Ait Slimane, naquit à Igherbienne Nat Jennad dans la commune de Timizart, en Kabylie, présumé en 1936. Il fit un an d'études à l'école d'Ibdache. Il prenait plaisir dans ses apprentissages. Durant la période de vacances scolaires, il avait l'habitude d'aller chercher du bois. Une tâche qui lui prenait le clair de son temps. A la rentrée suivante, ni ses parents, ni son ainé de

10 ans, ni personne d'autre à la maison ne songea à lui suggérer de retourner à l'école. C'en était fini des études, du moins pour cette époque.

Mohand-ou-Idir s'occupait depuis dans le pâturage. Il n'avait pas moins de 70 têtes de bétail, entre brebis et chèvres. Les chèvres étaient plus dominantes, vu le prix d'achat, les frais d'élevage et la géographie montagneuse plus propice aux animaux grimpeurs. Mais les villageois n'avaient pas le loisir de faire du pâturage dans toute la forêt librement.

Une limite était fixée par les autorités françaises. Elle était marquée par un chiffre « 20 », gravée sur un rocher, et située à quelques dizaines de mètres d'Achrouf Igarfiwen. C'est un rocher très haut, aux hauteurs d'Anzamri, surplombant la forêt d'Ighil Nat Jennad. A 700m d'altitude, au nord du village Igherbienne près de Mira.

Il avait l'habitude de franchir cette frontière à l'insu du garde champêtre, pour se rendre à Tala Gourawen. Une source d'eau, ombrée, très entourée d'arbres et d'une broussaille très dense. Cet endroit deviendra par la suite, un lieu de rendez-vous très prisé par les maquisards de l'ALN. Un lieu de ravitaillement que fréquentait souvent Moh Ourezki Ouyahia Touagoua. Il décrivait ces maquisards en ces termes « Je leur apportais du pain de maison et des oignons. Ils en mangeaient avec gourmandise. Ils retroussaient souvent les manches, laissant voir des bras musclés, peu bronzés, tant ils ne se déplaçaient qu'à l'ombre ou la nuit ».

Mohand-ou-idir se rappelle de Moh Ourezki-ou-Yahia à l'époque d'avant la guerre. « Il était très bagarreur dans sa jeunesse. Il lui arrivait souvent de se battre avec Tahar Moh Belhaj. Il avaient le même âge, mais aussi même force des poings ».

Son frère cadet, Saïd ou Rezki ou Yahia, naquit au milieu des années 1930. Taadourt, qui sortait pour aller lui couper le cordon ombilical, n'était arrivée qu'à mi-chemin, dans la rue Azniq te Slent, quand on la rappela pour revenir couper le cordon de son petit fils Muhend-N-Mhend qui venait de naitre. Mais elle se résolut d'aller accomplir sa mission d'abord chez les Ou Yahia, avant de revenir auprès de sa belle fille Tassadit Meziane.

« J'étais en train de jouer avec Said-ou-Rezki, lorsqu'on apprit que son père Arezki, fut mordu par un lion, dans la forêt d'Anzamri. On apprit que le lion tentait de l'avaler, ses dents arrivaient au niveau de son cou, puis il le recrachât et l'abandonna ».

Selon Si Miloud Bouksil, 'des femmes l'arrachèrent des griffes du lion. un lion est dans sa nature timide face à une femme. Il n'oserait pas l'attaquer'.

« On le ramena alors sur une civière en bois confectionnée sur place, choqué. Il survécut sur le moment, mais la salive ayant pénétré dans le sang, il développa une irritation au niveau de sa tête et les bactéries eurent raison de sa santé. Il rendit l'âme au bout de quelques jours ».

« A l'époque, Arezki-n-Bakhlich, était encore trop jeune, il avait une sorte de mal formation aux jambes, qui lui causait de la fatigue quand il marchait un bout temps. Sa mère, Fadma-n-Moh Amechtoh, m'attendait souvent, avec lui, et son troupeau de bétail sur mon chemin. Elle les fait joindre au mien, et Si Rezki m'accompagnait en suivant derrière le grand troupeau. Quand on arrivait à Tizi-t-Gawawt, Si Rezki qui se retrouvait souvent à l'arrière, par difficulté de rattraper le rythme du troupeau, il ralentissait et au bout d'un moment il s'arrêtait, me laissant poursuivre la marche tout seul avec les bêtes. Il revenait alors à la maison sans même que je m'en aperçoive ».

Mohand-ou-Idir poursuivit dans le pâturage jusque fin de l'année 1952. Un jour, lassé de cette vie sans horizon, il se rendit chez Ouyidir-Ou-Saïd Amrous.

- « Il faut que je vienne avec toi à l'ouest ». insista-t-il.
- « Tu l'as dit à ton père ? » demanda Ouyidir Ou Saïd.
- « Oui bien sûr ». Il n'en était rien en vérité.
- « Alors il te faudra 1000 francs ».

Il se rendit chez Moh Belhaj, et lui demanda « mon père te sollicite de lui prêter 1000 francs ».

Il récupéra les 1000 francs anciens et prit la route vers Sidi Bel Abbes, avec Si Yidir.

« Saïd-n-Benamar, surnommé le parisien, fut le premier à me présenter et me recommander pour travailler dans cette région ».

« Au bout de neuf mois de travail dans un hammam, Idir-Oussaïd me donna 9000 francs comme salaire. Ce n'était pas beaucoup pour revenir à la maison et acheter quelque chose pour ma mère. J'avais honte de revenir comme ça au village ».

« Saïd-n-Bnamar et Moi, fumes tous les deux dans l'embarras de la décision à prendre sur notre destination. Nous décidâmes finalement de filer vers Mascara. Nous y trouvâmes là bas dans un hammam, Moh Said Ouali, comme gérant. Nous demandâmes du travail. Il nous répondit qu'il y avait seulement un poste d'apprenti dans le Hammam. Il s'adressa à Saïd-N-Benamar

- Toi, tu as de l'expérience, mais tu ne resterais pas longtemps sur ce poste. Mohand Ouyidir n'a pas d'expérience, mais il pourra y tenir longtemps. Alors je vais retenir Mohand ou Idir.

« J'avais travaillé quelques semaines, quand Zi Hmed se pointa à la porte du Hammam. Il revenait de Saïda, où il travaillait, mais il n'y était pas assez bien payé. Il vint alors à Mascara et demanda à me voir et me signifia de repenser mes projets

- Il faut que tu rentres à la maison, il est temps que tu ailles voir les parents. Je vais devoir te remplacer ici.

« Je n'étais pas très content de laisser ce poste et rentrer. Je dus quand même céder le poste à Zi Ahmed. Il y resta un mois tout au plus, puis et il repartit retrouver sa ville favorite, Saïda. Il n'aimait pas l'acharnement au travail. Il aimait travailler, mais tranquillement, même s'il était modestement payé. Alors qu'à Mascara, le travail était rude, mais c'était très grassement rémunéré ».

A Ghélizane, Timoudent, Mohand-ou-Idir travaillait dans un hammam. Dans la maison qui l'abritait, il y avait Ben Ahmed. C'était un homme très sage, de bons conseils. D'autres kabyles, y étaient aussi, comme Moh-Ouali champêtre, entre autres. Ce dernier était plus ancien que Moh-idir dans ce poste et dans cette maison. Moh-Ouali narguait parfois Moh-Idir et ne cessait de provoquer aussi les autres. C'était un bagarreur né, très agité, il agaçait tout le monde.

Moh-ouali défia un jour Moh-idir et l'invita à le suivre dehors. Ce dernier accepta le challenge et le suivit dans la rue, ils marchèrent un peu, puis au dernier moment, Moh-idir déclina l'invitation « Je n'étais pas assez en colère » reconnaissait-il.

Mais un autre jour sur la terrasse, Moh Ouali recommençait à le provoquer, lui criant dessus, gesticulant. Il finit par avoir raison de sa patience. D'un geste spontané, Moh-Idir le frappa d'un coup de poing, et le mit à terre. Il fut blessé au visage. Le cogneur croyait être seul dans la maison avec son challenger, déjà allongé. Mais Ben Ahmed était présent, les entendait et accourut. Il trouva alors Moh-Ouali toujours à terre, il l'aida à se relever, le taquinant ;

- Aujourd'hui t'en as pris pour ton grade !

Au Rez-de-chaussée, les autres ne cachaient pas leur satisfaction de ce qui s'était passé. C'était vers 1952.

« Mon meilleur ami c'était Marzouk n-Moh-Ourouji. On avait le même âge. Lui et Mohand-n-Saïd Ouacif».

« A El Harrach, ce fut mon dernier emploi dans le pays avant l'émigration. J'y fis une courte durée. Un mois environs seulement. J'étais très matinal. A mon départ, mon employeur me lança 'je regrette de t'avoir embauché. J'avais pris l'habitude durant ce mois-ci d'être tranquille toute la matinée. Et là je vais être obligé de me débrouiller pour palier ton absence'».

### Misère kabyle

L'emploi pour les Kabyles dans les régions de l'ouest Algérien se passait souvent dans un Hammam. L'émigration vers l'ouest était massive. Beaucoup d'entre eux finirent par s'y installer, à l'image du frère ainé de Moh-idir, Ahmed. Il s'est installé en famille à Mostaganem presqu'immédiatement après l'indépendance. Mais il était déjà très ancien dans la région de l'ouest.

Ces émigrés se relayaient d'une certaine façon au sein de leurs familles restées au village. Ils ne prenaient pas tous congé en même temps. Ils s'arrangeaient pour transmettre de l'argent par le biais de leurs camarades. Au retour au travail, ces derniers, sont souvent chargés par les familles de transmettre un coli, si modeste soit-il aux leurs. Les travailleurs immigrés, avaient le plaisir de recevoir la cuisine gourmande. C'était essentiellement le délicieux Makroud. Cette pâtisserie Nord-africaine en forme de losange, « dégoulinant de miel ».

Mais la misère n'épargnait pas les jeunes Kabyles malgré leur travail en émigration à l'ouest Algérien. Moh-Idir finit par se lasser tellement de cette misère, qu'il projetait de s'inscrire pour être mobilisé dans l'armée afin d'aller combattre en Indochine. Moh-Idir ne découvrait pas les armes à cette époque.

« Il y avait des revolvers ici dans la région avant la guerre. Il m'arrivait de surveiller les moissons à Tighilt ferhat avec un revolver. C'était vers l'année 1952. Il devait avoir plus que six balles. Il n'était pas nécessaire de tirer sur le chien pour que le coup parte. Il suffisait d'appuyer sur la gâchette. Je ne sais qui l'avait acheté. Mais il était dans la famille depuis un moment. Sans doute, quelqu'un dans la famille était revenu de l'ouest du pays l'aurait acheté, fort probablement Zi Moh Said».

« Nous faisions des entrainements à Agouni Lakhmis. On apprenait entre autres à se protéger de l'explosion d'une bombe, et à passer sous les barbelais. Les entraineurs à cette époque, c'étaient Zi Amar n'Hend, Zi Mhend Ou Slimane et Hemd-ou-Maroc. C'était eux qui avaient fait le service militaire. Zi Amar notamment, avait fait la guerre mondiale, c'était le plus expérimenté, …et Moh cheikh était parmi nous ».

« A cette époque, le premier chef national était Hocine Ait Ahmed. Pourtant, personne dans la région ne le connaissait. Mais nous connaissions tous Ouamrane. Car il venait souvent dans le village. Il dormait chez Mohand-N-Saïd Ouacif. Chez-nous, il y avait un arabe. C'était un réfugié, recherché par les autorités. Zi Hmed s'enorgueillit alors devant sa mère des vertus de la langue arabe. Car il était le seul à pouvoir faire l'interprète à l'époque dans la famille, correctement. Il était à cette époque le plus arabisant de tous. Il avait beaucoup travaillé dans les régions de l'ouest ».

## Départ pour la France

Après ce projet abandonné d'inscription pour mobilisation, Moh-idir attendit pendant une courte durée, et il finit par décider de partir pour la France. Son ainé y était déjà installé depuis 1953.

« A mon retour d'el Harrach, la révolution avait commencé très discrètement. Ali Omar était déjà tué. Son fils était tué avant lui. Son car renversé sur la route à son retour près d'Azeffoun ».

« Lorsque je m'apprêtais à émigrer en France, j'avais 18 ans. Mon père savait que la révolution de Novembre avait commencé, et que je risquais de m'impliquer. Il ne voulait pas que j'y fusse mêlé, il avait alors accepté que j'émigre en France au début, c'était pour lui une occasion de m'en éloigner. Mais lorsque Caïd de Mira Moh Bwanouch, rencontra mon père, il le déconseilla de me laisser partir lui justifiant ;

- Il fait trop froid la bas, il risquerait de se retrouver seul.

« Mon père finit par s'opposer à mon départ. Mais mon idée était déjà arrêtée ».

« Le Caïd de Mira, Moh Bwanouch, était le beau fils de Mohand-n-Belaid, le caïd de Tikoubaïn. Tous les deux étaient issus de la même région ».

« Avec Zi Mohand, on échangeait des courriers. Je lui annonçai alors ma venue en France, et ça ne lui plaisait pas, il me l'a fait comprendre, il refusait pratiquement. Je lui répondis alors,

- Tu veux que je vienne, je viendrai, tu ne veux pas que je vienne, je viendrai.

« Zi Moh Lhaj, voulait aussi que je reste. Il me répétait durant des semaines,

- Patiente, on va retourner travailler au Hammam.

« Alors que son objectif était de me retenir jusqu'à ce qu'il ait un moyen de m'impliquer directement sans laisser fuiter le secret. Mais il ne me disait pas le fond de la chose. Ils avaient ordre d'en parler à personne ».

« A la veille de mon départ pour Paris, en mars 1955, Mohand-n-Mhend et son père étaient venus me rendre visite à la maison ».

« Moh-El-Haj n'était pas venu. Il savait que je m'apprêtais à quitter pour l'étranger. Je l'ai croisé en partant à la place d'Annar. Il me suggéra de ne pas partir, on échangea quelques mots »:

- Ne pars pas, reste ici. On aura besoin de toi.
- Qu'est ce qu'on va faire ? On va encore casser la pierre ?
- Oui, il n y a que ça ici.

« C'était le maximum de l'indiscrétion qu'il était possible de commettre à cette époque au sujet de la révolution, déjà en marche».

« Lorsque je suis parti en France, il n'y avait encore personne dans le village qui avait réellement pris le maquis. Mais les préparatifs avaient déjà bien commencé ».

« Moh Belhaj m'accompagna à l'aéroport, et me lança, 'Tu vas monter dans un avion aujourd'hui, alors que tu n'as encore jamais voyagé à bord d'un bateau ! ».

« A Paris, Les gens du village accueillaient généreusement les nouveaux arrivants de la région. Car ils savaient qu'ils trouveraient un travail assez vite, et si besoin ils remboursaient. M'hend ou Mokrane m'assura le logis le premier soir. Mohand-n-Moh-Ourouji me reçut chez lui pour déjeuner. Et n'importe qui d'autre du village que je pusse rencontrer, m'offrait 500 francs ».

### La bastille

« Je me promenais un jour dans Paris, à l'intérieur des jardins de la Bastille, un journal à la main et je rencontrai Zi-Mohand. Je lui demandai alors »,

- Tu sais ce qui s'est passé ?
- Oui. Pierre Mendès France a démissionné.
- Oui, malheureusement !

C'était le 7 février 1955. « Pierre Mendès France était bien comme premier ministre. Nous avions beaucoup d'espoir qu'il trouvât une issue à la crise, s'il était resté plus longtemps au pouvoir ». Renversé par les ultras de l'Algérie-française.

« Durant l'année 1956, j'étais encore messaliste, je rejoignis l'armée de Belounis, alors que je n'avais pas encore été appelé pour le service militaire. C'était prévu que je sois affecté à Melouza pour combattre dans les rangs du MNA, contre l'armée française. Zi Mohand était déjà au FLN. J'avais de la chance de ne pas y être envoyé. Un ami d'Ath Si Yehia fut affecté à M'sila comme combattant du MNA. Il finit peu de temps après par être tué par l'ALN ».

« Le Beau père de Said Ouchelaoud était également mobilisé à Melouza. C'était un soldat de Belounis. Il décida un jour de venir en permission, voir sa famille à Ath Ouchen. Il se fit attraper par les membres de l'ALN sur son chemin. Il allait être tué. Son frère qui était maquisard de l'ALN, put intercéder en sa faveur, et lui épargna sa vie. Mais, après 1962, il n'avait plus rien, ni resté messaliste, ni reconnu comme moujahid. Il n'avait plus de carte. Mais il put vivre sans être inquiété ».

« Le FLN à l'époque, entre 1955 et fin 1956, nous envoyait des messages, 'si vous nous faites confiance alors rejoignez nous, et faites vos cotisations auprès de nos trésoriers. Sinon, si vous hésitez encore, sortez tout de même du MNA et envoyez votre argent dans vos familles, ils sauront quoi en faire. Ils connaissent là-bas les maquisards, qui en auront bien besoin ».

« **Omar Boudaoud** devint très vite chef de la fédération de France du FLN. Il était envoyé par Abane du Maroc, pour remplacer l'ancien chef, en France ».

« Omar Boudaoud est de Tigzirt, militant du mouvement national et un ancien membre de l'organisation secrète.

Un jour, Ouali Benaï arrêté, était transféré d'une prison d'Alger vers Tizi Ouzou. Il était dans un fourgon de police. Boudaoud voulant alors le libérer, il fit une embuscade près de Tizi Ouzou pour attaquer le fourgon. A son arrivée, le fourgon était déjà passé ».

« Boudaoud, s'était retrouvé dans l'armée des frontières, à Oujda avant l'indépendance. Il disait 'Pour moi, comme pour la majorité des soldats stationnés au Maroc, le futur président d'une Algérie libre était Boussouf. Il a eu le mérite d'installer une usine qui fabriquait des mitraillettes au Maroc, dessus était écrit Algéria' Se justifiait Boudaoud ».

« En l'année 1956, Moh el Haj m'écrivit une lettre, dans la quelle je lus en substance l'injonction très discrète suivante

- « Tu dois quitter l'usine où tu travailles actuellement, ils ne paient pas assez. Va voir la nouvelle usine où travaille ton frère ainé ».

Il me recommanda ainsi de quitter le parti de Messali, le MNA, pour adhérer au FLN ».

### Ouacel

« Je rentrai un jour dans le bistro du 52 rue saint Sabin, à la bastille, en compagnie de Zi Mohand, et nous y trouvâmes des habitants de Draa el Mizan, Boghni, Amechtras. Le Propriétaire du bistrot était lui même de Draa el Mizan. Zi Mohand m'indiqua alors Ali Ouacel. L'homme qui a tué Hemd Oumeri, en 1947. Ali Ouacel y venait souvent. Son nom le précédait. Il était grand, maigre. Echine ayant tendance à se courber. Il portait une casquette. On savait que les gens de sa région étaient pratiquement tous au courant de sa besogne, mais peu d'entre eux pouvaient aborder le sujet ouvertement».

Il quitta très vite la Kabylie, pour la France, craignant les représailles et la vengeance des compagnons d'Oumeri. Quelques décennies plus tard, il retourna en Kabylie au milieu des années 1980 sans être reconnu dans son village natal. Il décéda en 2013 des suites d'une crise cardiaque à l'âge de 98 ans.

« Oumeri était le plus apprécié de tous les bandits d'honneur auprès du petit peuple. C'était le plus juste envers les modestes gens. Les kabyles étaient pratiquement tous affectés à sa mort ».

### Couvre feu

« Nous avions devoir de casser le couvre feu. Beaucoup de mes camarades ne le faisaient pas. J'étais naïf. Je risquais souvent ma vie. Même si j'avais une carte wagon international, il y avait certaines limites ».

« Un soir j'essayais de casser le couvre feu et je finis par me retrouver dans un fourgon de police. Je n'étais pas le seul. Il y avait d'autres civils arrêtés. En arrivant à la rue Rivoli, un membre du groupe de choc tira sur le fourgon. Il essaya de prendre la fuite. Il emprunta un escalier qui se terminait sur une porte fermée. C'était une voie sans issue. Une femme l'avait vu et l'indiqua aux policiers. Ils le poursuivirent, le rattrapèrent et le tabassèrent puis le jetèrent à l'intérieur du fourgon. Il se retrouva à mon pied. Le chef de la police attrapa un marteau et les civils criaient 'ne le tuez pas'. Un autre se défendit 'Moi, je suis tunisien'. Le policier lui rétorqua 'tais-toi', 'Je vais le tuer pour que tout le monde sache ce que fait la police parisienne'. Le policier le tabassa à mort avec le marteau. Il succomba à mon pied ».

« Le lendemain j'allai chercher un journal pour savoir ce qu'ils allaient dire sur l'évènement de la veille. Je trouvai alors en substance « Hier soir, il y a eu un attentat dans la rue Rivoli, commis par des terroristes du FLN. Un policier est blessé légèrement ».

## Les disparitions forcées

Deux agents vinrent un jour rechercher Moh-Idir. Probablement des agents de Boussouf qui noyautaient le réseau du FLN en France. Ils vinrent une fois, ils ne le trouvèrent pas, mais ils tombèrent sur Moh-Ourravie, qui en informera son camarade. Ils revinrent une deuxième fois, mais sans entrer dans le bistrot. Ils circulaient sur le trottoir, faisant des allers-retours. Moh-idir les aperçut de l'intérieur, se douta de quelque chose, et demanda à Moh-Ourravie si c'était eux.

Ce dernier confirma qu'il s'agissait bien des deux visiteurs indésirables. Moh-Idir prit avec lui deux coteaux de cuisine. Il se lança à leur trousse. Il frappa le premier, qui tomba à terre. Il lui asséna un autre coup avant de se lancer à la poursuite de l'autre. Ce dernier prit la fuite, depuis la rue Saint sabin vers le boulevard Beaumarchais, qu'il traversa également en courant sans s'arrêter, se retournant parfois en arrière. Les habitants depuis la fenêtre regardaient Mohand-ou-idir poursuivant un homme avec un couteau à la main, et lui criaient « assassin, assassin ». Les autres résidents de l'hôtel sortaient, ils arrivèrent à hauteur de l'agent encore à terre, et certains le finirent avec des coups de pieds.

Juste après son retour à l'hôtel, il se retrouva dans le couloir, tomba sur le supérieur du chef de l'hôtel, qu'il attrapa aussitôt dans le col de chemise, et l'interrogea d'un regard menaçant

- Les deux agents venus ici pour me frapper ou me tuer, qui les a envoyés ?

Son chef Baghdadi, tenta de le contenir avec une certaine arrogance

- Parle plus calmement et montre plus de respect au chef.

Moh-idir lui répliqua sèchement

- Tout d'abord, toi, tu fermes ta gueule.

Il revint à l'autre, il le tenait toujours au col, quand des résidents de l'hôtel, des camarades vinrent enfin les séparer.

« Il s'avéra plus tard, que l'un des deux agents envoyés sur instigation de Baghdadi, était de la grande Kabylie d'après son accent. Nous nous rencontrâmes en Allemagne. A cette époque on ne se demandait pas les origines, car si jamais quelqu'un devait se faire arrêter, sous interrogatoire, il valait mieux qu'il ne puisse pas donner trop d'information. Baghdadi, lui, était d'Oran ».

« Peu après, je me rendis au 21$^{\text{ème}}$ arrondissement, où travaillaient Zi Mohand et Charleroi. Ce dernier me proposa un revolver C35 à 7 balles, chargé, il m'ajouta 3 balles et me suggéra,

- Dans une semaine, soit tu me le rends ou tu l'achètes.

« Je finis par l'acheter à 12000 francs une semaine plus tard ».

« Un jour j'étais en réunion dans la cave, et deux inconnus, néanmoins, présentement des Algériens, pénétrèrent dans l'hôtel et cherchaient après moi. Moh Ourravie vint alors me prévenir ».

« Je fis vite d'aller chercher mon revolver, en plein jour, convaincu que les deux fameux agents revenaient. J'avais entendu des cris venant des chambres d'en haut ».

«L'un prit la fuite. Je tenais mon revolver à la main, je lui criai d'arrêter. Il se retourna, puis s'arrêta. Je l'interrogeai, il s'agissait finalement d'un membre du groupe de choc. Il n'y était en rien concerné par l'homme agressé à l'étage. Ce dernier c'était Si Smail Nat si Yahia, qui fut frappé, par des inconnus sur ordre. Je l'avais trouvé en larmes, je lui promis alors de le venger ».

« Un jour, je descendais l'escalier de l'hôtel saint Sabin, le pistolet à la main, au palier, je tombai sur Moh-Meziane Agour, ouvrier de Citroën, et le canon se retrouva pointé vers son torse. Ce dernier, visage blême, me laissa poursuivre mon chemin, sans aucun échange de mots. Je finis par rencontrer en bas de l'escalier des résidents, très nombreux. Ils m'empêchèrent alors de passer, et me ramenèrent à la chambre pour me calmer ».

«Après cette affaire, des sages intervinrent pour résoudre l'affaire. L'un d'entre eux c'était Moh Tayeb d'Ath el Hocine ».

«Dans la réunion avec les sages, il y avait le patron et les résidents. J'étais absent, je travaillais dans l'hôtel. Considéré jusque là comme fauteur de trouble. Ils estimaient que je devrais présenter des excuses et être sanctionné».

« Mais à chaque fois qu'il y avait un point abordé, les résidents étaient de mon avis. Ils finirent par m'appeler pour prendre part aux discussions ».

« Nous finîmes par trouver un arrangement. Ils proposèrent de baisser les frais d'hôtel et changèrent la hiérarchie. Tahar Ouidir Mekla et un autre militant d'Ath Si Yahia devinrent respectivement chefs de groupe. Et moi chef de kasma ».

« Le supérieur de Baghdadi qui consommait gratuitement dans cet hôtel, finit par être rétrogradé ».

« Je devins ainsi, le chef des deux hôtels, celui là, de rue Saint Sabin et l'autre de rue Saint Sébastien ».

« Depuis ce jour, parfois quand j'allais payer ma note, le patron me répondait ;

- Ce n'est pas nécessaire, tu régleras quand l'Algérie sera libre

« Ce n'est que par la suite que je fus arrêté par la police, avant d'être obligé de commencer le service militaire ».

« La direction du FLN pour la fédération de France, était basée à Cologne. Certains agents et chefs locaux prenaient des décisions arbitraires. Ainsi Baghdadi et son supérieur étaient complices. Ils augmentaient le loyer de l'hôtel et récupéraient la marge. Je m'en insurgeais souvent, et je commençais à avoir de l'influence sur les autres militants. Alors, sur instigation de Beghdadi, son chef se serait résolu à m'envoyer deux agents durs pour en finir avec moi ».

« Un jour en Allemagne, quelques années plus tard, je croisai l'un d'entre eux, le deuxième qui avait pris la fuite. Je lui demandai d'expliquer les dessous de l'affaire. Il me raconta alors qu'ils étaient envoyés par un chef basé à Cologne. Ils étaient censés frapper à la porte, en ouvrant, ils me tireraient dessus. Les choses se déroulèrent autrement».

« L'agent me montra une carte de qualification de sport de combat. Je fus surpris et lui demandai,

- Mais alors pourquoi quand je t'ai suivi tu traversais la rue à toute allure ?

- J'ai regardé derrière moi, j'ai vu mon camarade à terre, et je t'ai vu avec un couteau. J'ai vu aussi des gens qui sortaient de l'hôtel. Il n'était pas question de m'arrêter.

« Nous sommes depuis devenus amis ».

**Ayawiw** était un jour dans un bistrot, quand un individu était en train de le fixait des yeux. Ils échangeaient les regards. L'inconnu vint vers lui, lui demanda ce qu'il faisait. Ayawiw parla alors naïvement de son activité de militant et de ses chefs. Ses chefs, c'étaient nous, Tahar ou Yidir et moi. L'autre lui réclama ses papiers, Ayawiw les lui montra spontanément. L'individu les prit et lui demanda de l'accompagner jusque chez son chef de section. Ils vinrent alors à l'hôtel du 52 rue saint Sabin. L'inconnu toujours dehors, et Ayawiw fait venir Moh Ourravie et Tahar Ouyidir. Ils le rejoignirent dehors.

« Les quatre étaient en conversation, et en train de faire des vérifications lorsqu'un fourgon de police les surprit. L'inconnu s'enfuit aussitôt. Ayawiw et Tahar rentrèrent dans l'hôtel et les policiers attrapèrent Moh Ourravie. Ils l'emmenèrent au poste de police. Ils le passèrent à tabac et le maintinrent en garde à vue jusqu'au matin. Le lendemain, je croisai Moh Ourravie qui pestait contre Ayawiw

- Si je le revois, je te jure que je le tuerai.

Un moment plus tard, Tahar me dit, très amusé

- Ce qui est sûr, c'est qu'aujourd'hui Moh-ou-Arravie, est conscient au moins qu'il y a bien une guerre.

« Ayawiw n'avait plus ses papiers depuis, et ne revenait plus à cet hôtel. Il eut beaucoup de mal à refaire sa carte identité. Il dut envoyer un courrier, pour que les siens lui fassent un acte de naissance, ici. C'est ainsi qu'Ayawiw a vendu Moh Ourravie sans le vouloir ».

« Mais Moh Ourravie était d'un grand soutien pour nous. Il nous arrivait souvent de manquer d'argent, et c'est lui qui nous dépannait, car il était très économe. Sa seule occupation était le travail. Il n'était pas du genre à sortir pour s'amuser et dépenser ».

« Moh Ourravie avait prêté ou mis à l'abri une somme d'argent auprès de son patron, qui était aussi le chef de l'hôtel. Quand je devins chef de l'hôtel, je faisais inventaire et je tombais sur ce prêt notifié dans un registre. Pour récupérer cet argent et le restituer au concerné, je demandai les nouvelles de l'ancien patron de l'hôtel. J'appris alors qu'il était allé au $21^{\text{ème}}$ arrondissement, avec sa femme, ils buvaient, ils vivaient comme des clochards, réduits à rien.

## Agent parallèle

Un jour, Moh-Idir se promenait dans la rue Saint sabin. Il faisait noir. Il croisa un individu. Un français. Ce dernier vint vers lui et lui demanda de le suivre. Il lui tint les deux mains derrière le dos. Pendant un moment Moh-idir se laissait faire et cogitait. Ils arrivèrent à la hauteur de l'hôtel sis à 52, rue saint sabin, alors Moh-Idir prit une bonne respiration, se retourna et détacha ses mains. D'un coup de poing sur la figure de l'inconnu, et ce dernier vacilla, et d'un coup de pieds il finit par le mettre à terre, le visage butant sur le trottoir. Moh-Idir n'avait pas terminé. Il lui sauta dessus, lui écrasant sa tête d'un coup de talon, sa bouche dégoulinant de sang. Il remonta aussitôt dans sa chambre à l'hôtel en face. Il regarda depuis la fenêtre, l'inconnu gisait toujours sur le sol. Le lendemain, en sortant, il trouva des bouts de gencives dans une flaque de sang, encore sur le trottoir. Plus de nouvelles de l'individu depuis ce jour là. Il était manifestement de l'extrême droite. Un militant du réseau Jaques Soustelle, qui orchestrait des disparitions forcées, sans aval manifeste du gouvernement. Ça devait être vers l'année 1958.

### Angoulême

« Je fus arrêté à deux reprises et je me retrouvai à chaque fois dans une cellule. Après la purge de la peine on me ramena à la caserne pour terminer le service militaire ».

« Ils organisèrent un jour une course à Angoulême, qu'on appelait le parcours d'un combattant. La distance devait être entre 15 km et 30 km, je ne m'en souviens pas bien. C'était à l'extérieur de la ville. Je n'étais pas soucieux de gagner. Il fallait finir le parcours, alors je courais, c'était tout. J'allais être le premier, mais juste avant la fin, je perdis ma sandale, et un italien passa devant moi. Ils annoncèrent que j'avais une médaille, j'étais classé deuxième. Mais j'étais sorti en permission, et je n'y fus pas retourné. J'étais déserteur ».

« A la même période, Messali Haj, était aussi à Angoulême, il était en résidence surveillé, puis transféré à la prison de la santé. Il vivait bien, comme un prince. Son épouse était toujours restée française, catholique jusqu'au bout. Nous, à ses yeux, il ne fallait pas qu'on soit berbère ».

« Dans la caserne, nous, soldats indigènes mobilisés, avions plus de grade et de valeur que les Harkis. Ils avaient un complexe d'infériorité devant nous. La différence était majeure. Eux, ils avaient choisi la France. Ils couraient derrière elle pour les protéger. Alors que nous, la France était venue vers nous. Et elle avait la contrainte permanente et le souci de veiller à ce que nous ne désertions pas ».

Je fus repéré comme bon tireur à Angoulême. J'avais entre les mains le fusil-mitrailleur MAC 24, je visais, je tirais. Lorsque la balle tombait trop haut, je baissais un peu le canon, lorsque je la trouvais trop basse, je remontais la mire, je finis par toucher le milieu de la cible.

J'allais être affecté à Ain Temouchent, comme soldat appelé dans l'armée française pendant le service militaire en 1958. Je le souhaitais, car se serait un moyen de m'échapper pour rejoindre le maquis.

« Nous faisions également des déplacements au pas de Calais. Si non, nous avons passé le clair de notre temps dans les bois de Vincennes ».

## La traversée

Après mes deux désertions de l'armée, j'étais condamné par contumace. Je me résolvais alors progressivement à l'idée de m'éloigner. La vie de fugitif devenait de plus en plus intenable en France.

« Je me rendis un jour au 21$^{\text{ème}}$ arrondissement de Paris, pour voir un ami, d'Abizar, un passeur, son père s'appelait « l'ancien ». Nous étions dans un bistrot, quand des policiers y entrèrent pour fouiller et perquisitionner. Ils demandaient la pièce d'identité à tous les visages suspects. Un policier s'approcha de moi et demanda mes papiers. Je ne pus montrer que la carte d'assurance. Je n'avais que ça comme papier. Ma carte d'identité je l'avais laissée à la caserne en désertant. Il voyait bien que mon visage s'assombrissait et je devenais fébrile, il ne chercha pas davantage. Alors que d'habitude, s'il n y avait pas de carte identité, on se faisait systématiquement arrêter. En général, si tu n'as pas une fiche de paie récente, tu es suspect. Je ne sais toujours pas la raison de son indifférence ».

« Si j'avais attendu, je me serais fait arrêter et jeter en prison. Un ami m'a conseillé de ne plus attendre qu'on me fasse les papiers ou qu'on vienne me faire passer, sinon je finirais par attraper une maladie en cellule. Ce n'était pas une prison. Il n y avait pas de couverture, ni rien sur les planches du lit ».

Mon chef voulait me placer comme contrôleur des armes. Alors j'expliquai,

- Pour être contrôleur des armes, il me faut des papiers.
- Les papiers ça coute cher, pour te faire une fausse carte d'identité marocaine ou tunisienne, ce n'est pas évident, me-répondit-il.

« Je pus croiser finalement un autre militant, qui me conseilla :

- Si tu veux aller en Allemagne, je t'indiquerai les marches à suivre.
- Oui, bien sur.
- Tu vas à la gare de l'est, tu prends le train direction Forbach. Quand tu arriveras à Metz, le train s'arrêtera une heure. Il y a toujours des gendarmes qui viennent contrôler. S'ils montent par une porte, tu descends par l'autre porte ».

« A mon arrivée à Metz, je vis des gendarmes en train de faire des rondes. J'attendais. Ils ne montèrent finalement pas dans le train, alors je décidai de ne pas bouger de ma place. Le train reprit son chemin. Je descendis à la gare de Forbach. Avant de descendre, je vis un policier au quai. Il regardait dans ma direction. Je pensais pendant un bon moment que j'avais été vendu. Je me résolus quand même à avancer tranquillement, mais dans le stress j'oubliai de remettre mon ticket à la préposée au poste de contrôle. Elle m'interpella ».

- Votre ticket s'il vous plait !
- Excusez-moi. Je vous jure que c'est ma tête qui va loin. J'avais oublié.

« Finalement le policier ne faisait qu'une surveillance générale en regardant à l'horizon ».

« En sortant de la gare, j'entendais des gens qui parlaient Italien, Espagnol, et puis Arabe. J'allai voir les deux qui parlaient arabe ».

- Vous êtes arabes ?
- Oui,
- Vous êtes algériens ?
- Oui,
- Emmenez-moi au bistrot de Hamid, le passeur pour Salbrick.

« Salbrick est le premier village allemand en quittant Forbach. Finalement, ces deux là, étaient des durs. Ils avaient des moyens et un lieu de torture sur place.

C'était des messalistes. Nous et les messalistes on s'entre-tue. Je pensais que c'était le FLN qui les avait envoyés pour recevoir les fugitifs. On était à Forbach, mais toujours en France. Ils demandèrent alors,

- Qu'est ce que tu as ?
- J'ai déserté l'armée. Ai-je répondu.

« Probablement à cause de mon allusion à l'armée, ils ne voulurent pas chercher davantage d'information sur moi. Nous entrâmes dans le bistrot de Hamid, et je lui demandai sans prélude »,

- C'est toi Hamid ?

« Là son visage devient blême. Il paniquait et il plongea sa main dans le terroir. Il avait peur mais j'avais peur également tant sa fébrilité était palpable ».

« Comme il savait que les deux accompagnateurs étaient des messalistes, il déduisait alors que j'étais leur agent.

Car à cette époque lorsqu'ils décidaient d'exécuter quelqu'un, ils demandaient d'abord le nom. Ainsi, ils étaient sûrs de ne pas commettre l'erreur de confondre. Je regrettai juste après d'avoir posé la question ».

« Les deux autres aussi étaient mal à l'aise. Je décidai de me retenir de poser davantage de questions. Les deux hommes demandèrent si je voulais boire. J'ai vu qu'ils prenaient un thé, je demandai alors un thé comme tout le monde. Ils me prévinrent avant de repartir »

- Ce soir on revient te voir.
- Merci, vous m'avez accompagné jusqu'ici, vous m'avez déjà rendu un grand service.

« Je les ai reconnus, d'expérience, suite à ma question, qu'ils n'étaient pas du même camp que le gérant du bistrot Hamid le passeur. J'ai su qu'eux, ils n'étaient pas du FLN. Le contact entre eux et lui était plutôt froid ».

« Forbach était un petit village, tout le monde se connaissait. Et ceux là se connaissaient avec le propriétaire du bistrot. Celui là, est originaire d'Akbou ».

A peine ces deux messalistes ont-ils quitté, que Hamid, me demanda ;

- Qu'est ce qui t'amène ici ?
- J'ai déserté l'armée
- Mais qui sont ces individus qui t'ont ramené ici ?
- Ces individus m'ont rendu service. Ils m'ont accompagné jusqu'à l'endroit que je cherchais.
- Mais ce sont des messalistes !
- S'ils sont messalistes, alors faites ce que nous faisons à Paris.

« Là j'ai manifesté un peu plus ma colère. J'étais sûr de moi, je n'avais rien à me reprocher. Le pire qu'ils puissent m'infliger c'est de me refuser de me faire passer en Allemagne. Il demande alors, »

- Et comment faites-vous à paris ?
- Nous occupons des hôtels. Les messalistes qui veulent bien nous rejoindre, peuvent rester avec nous et les autres doivent quitter. Répondis-je.

« Un moment plus tard, je vis un individu, qui venait de rentrer. Je n'attends pas très longtemps avant de l'interroger »

- Je cherche Moustique pour me faire passer à Salbrik.
- As-tu un mot de passe ? demanda-t-il
- Non, je ne l'ai pas ramené. Répondis-je.

« Car le mot de passe si tu le perds tu peux te faire attraper. Et puis ils ne peuvent pas t'en faire un sur place. Ils peuvent te trainer de jour en jour, sans réponse. Il n'était plus possible pour moi de me cacher plus longtemps. Les gendarmes m'auraient de toute façon retrouvé où que je me cache. Alors je n'ai pas attendu qu'on me fasse un mot de passe ».

- Moustique aujourd'hui est parti à l'Est. Répondit-il.

Il se faisait passer pour un autre, finalement c'était lui Moustique. Il ne me l'avait jamais dit lui-même.

« Quelqu'un d'autres entra dans le bistrot avec son fils, et déclara

- On va se battre pour la liberté jusqu'à la mort. Nos enfants vont arriver et se battre à leur tour. Si n'est l'indépendance n'est pas encore acquise, les pierres de notre terre s'insurgeront pour réclamer l'indépendance.

Puis il commanda à Hamid

- Donne un couscous à celui là.

« Il faisait allusion à moi. Ils étaient tous Kabyles. Je mangeai alors le couscous, même s'il n'avait aucun gout ».

« Un autre homme encore pénétra dans le bistrot, un kabyle présentement. Nous, à Paris, nous n'avions pas l'habitude de boire de la bière et de jouer au domino. Mais là, je voyais qu'ils buvaient tous, ils jouaient et s'amusaient ».

« Ce nouvel individu m'apostropha »

- Dieu de ton Dieu. Où que se cache ton Dieu, il va se montrer avant ce soir.
- C'est ce que j'attends. Répondis-je.

« Son excès d'assurance m'agaça un peu. Mais j'essayais de rentrer dans son jeu. Il rejoignit finalement un groupe pour jouer aux dominos et boire un verre. Mais je continuais de le surveiller ».

« Il commençait à y avoir de moins en mois de monde dans le bistrot. Le logis n'était pas assuré sur place. Ils commencèrent à fermer les fenêtres. Le patron devait bientôt me mettre dehors. A ce moment j'eus préféré être arrêté par la police. Car le village est trop petit pour me cacher, et j'étais facilement reconnaissable ».

« L'inconnu se pointa de nouveau au bar pour payer sa note. Je l'accostai encore,

- C'est le soir ! demandai-je
- Oui, qu'est ce que tu veux ?
- Je veux que mon Dieu se manifeste.
- Par là où passera mon Dieu, ton Dieu passera.

« C'était sa façon de me dire 'je te tuerai' ». Mais j'éclatai de rire. J'avais pourtant l'intention d'en venir aux mains avec lui. J'étais fichu de toute façon. J'avais l'intention de lui demander de me suivre dehors et de choisir entre me faire passer où en découdre. J'aurais cherché la bagarre rien que pour sa provocation».

- Ramène ta valise, Dieu de ton Dieu. convia-t-il.

Je ramenai alors la valise dehors.

- C'est bon, remets là, se rétracta-t-il.

« On marcha un peu, puis il redemanda 'va la chercher'. C'était juste une petite valise, une chemise et un maillot. Il n y avait pas vraiment de vêtements. J'allai chercher encore une fois la valise. Je pensais qu'il allait partir sans moi. Je trouvai le bistrot toujours ouvert. En repartant, l'individu m'attendait quand même. On entra dans un autre bistrot. Il s'assit et se mit à boire, puis il me déclara « C'est ici que je réside ».

« Nous sortîmes et nous primes un trolley jusqu'à la frontière. Il avait mis un costume pour cacher sa chemise blanche. Car on devait traverser une forêt. Il me demanda

- Ne pas faire trop de bruit. Il fait noir. Si jamais tu te fais attraper, ne leur dis pas que tu es venu avec moi. Mais moi, ne t'inquiètes pas, j'ai un laisser passer' ».

« Il m'arrivait de faire un peu de bruit. Il me rattrapa finalement pour m'accompagner afin d'éviter que je me fasse remarquer à cause de ma valise. Nous marchâmes un long trajet. Au bout d'un moment, il s'arrêta et me dit, »

- Voila, nous sommes maintenant en terre Allemande.

« Nous nous rendîmes de suite dans un hôtel. Il n'y avait même pas de fenêtre. C'était un logis bon marché. Je louai quand même ».

« J'avais quitté Paris avec 10 000 francs. J'allais lui donner un pourboire. J'avais encore dans les 6000 francs ».

- Mon nom est Zarzour. Le FLN pour moi c'est Dieu de Dieu. Me prévint-il.

C'était pour me dire qu'il s'en fichait totalement du FLN. Et il reprit.

- Je cotise mes 3000 francs, et c'est tout. Le parti ne m'intéresse pas du tout. Ce qui m'importait, c'était toi qui trainais partout et tu finis par être abandonné par tous. Si j'avais de l'argent sur moi, ce serait moi qui t'en donnerais. Mais je n'en ai pas et je ne prendrais pas le tien.

Il demanda alors,

- Est-ce que tu loues pour une nuit ou deux ?
- Deux nuits. Répondis-je sans réfléchir.

C'était 500 francs la nuit.

- Mais demain quand tu te réveilles, ne le leur dis pas 'c'est Zarzour qui m'a fait passer'. Car pour eux je ne vaux rien. Dis leur seulement 'mes frères m'ont fait passer, et ils m'ont laissé la consigne pour que vous preniez le relai.

« C'est un Kabyle, de Sidi Aich. On a fini par se connaitre. Le lendemain, à la gare, je demandais la direction Bonn. Il y en avait un qui me fit signe. Il ne connaissait pas un mot de français, et moi pas un mot en Allemand. Nous montâmes dans un fourgon qui nous emmena jusqu'au lieu des correspondances. Puis Il m'expliqua, 'tu descends par là, tu ressors de l'autre côté. Il y a un train de Bonn qui va passer. Ce que je fis. Un train marqué Bonn rentra en gare. Je grimpai à l'intérieur. Et je descendis à Bonn ».

«Je rentrai dans la cafeteria de la gare de Bonn. Je vis deux individus à l'extérieur qui passaient et repassaient, plusieurs fois, en me regardant à chaque passage. Il s'avéra après qu'ils étaient militants du FLN. En général, quand ils recevaient un militant du FLN, ils l'accueillaient. Mais les messalistes ne se réfugiaient pas la bas. Ils n'y avaient pas de représentants ».

« Je patientais pendant un temps puis décidai de sortir pour les attendre. Voila qu'ils réapparurent. Je demandai ;

- Vous êtes Algériens ?
- Oui, des Algériens !
- Est-ce que vous connaissez Hamid ?
- Bien sur.
- Vous pouvez donc m'accompagner jusque chez lui ?
- Tu as ramené une mutation ?
- Non, je n'en ai pas.
- Tu as les papiers militaires ?
- Evidemment.

« Hamid c'était un des représentants du FLN à Bonn. Abdel Malek, lui, c'est le 1$^{er}$ représentant, jusqu'à l'indépendance. Il devint ambassadeur à Bonn après l'indépendance. Il reviendrait plus tard pour nous faire un discours ».

« A l'époque, l'Allemagne pouvait accepter un représentant du FLN, mais pas un ambassadeur. L'état n'était pas encore reconnu ».

« Ils m'emmenèrent dans un gendre de maison d'hôte. J'y louai une chambre pour la nuit. Puis le lendemain, nous allâmes dans un hôtel. J'y trouvai Dr Lamine Debaghine. Krim avait envoyé Abane et Ouamrane pour ramener Debaghine dans le giron du FLN. Lehouel Hocine, le frère de Yassef Saadi y étaient aussi, tous pour le compte du FLN ».

« J'ai souvenir du passage du frère de Yassef Saadi, avant son départ pour la Tunisie. Il déclara

- J'espère qu'on va se rencontrer soit sur un champ de bataille ou dans une Algérie libre.

Il avait de la chance, de par sa filiation, de pouvoir se faire passer en Tunisie, dans l'espoir de rentrer au maquis en Algérie. C'était un privilège de pouvoir rentrer au maquis à l'époque. Nous voulions tous traverser pour venir combattre. Certains devinrent trop nerveux par la suite et trop bagarreurs, frustrés à cause de cet empêchement ».

« La ligne Morris était infranchissable. Nos supérieurs nous répondirent un jour suite à notre demande de traverser :

- La ligne Morris est infranchissable, vous ne pouvez pas la traverser, la ligne Challe non plus. Si c'est pour être une charge supplémentaire pour le trésor du FLN en Tunisie, ça ne sert à rien. Alors qu'ici vous travaillez, vous gagnez de l'argent et vous cotisez pour la révolution».

« Il y avait de l'armement derrière les frontières. Mais pratiquement impossible de le faire rentrer à l'intérieur. Si j'avais pu venir en Tunisie, je me serais retrouvé dans l'armée des frontières contre les vrais maquisards de l'ALN »

« Un jour, je me trouvais en compagnie de Fernan, le neveu de d'El Hanafi. Nous rentrâmes dans un bistrot, à Bonn. Et voila que deux militants de la fédération de France du FLN arrivèrent peu de temps après. Au comptoir, je demandai à celui qui se présentait comme habitant d'At Jennad »,

- Quelles sont les nouvelles du colonel Vriruch ?
- Il est bloqué à la frontière tunisienne. Il ne peut plus rentrer à l'intérieur.

« Fernan questionna à son tour l'habitant de Larbaa nat Irathen ».

- Quelles sont les nouvelles du colonel Amirouche ?
- Je brulerais sa tombe si je la trouvais.

« La réponse était doublement cinglante et surprenante. D'abord celle de la mort du colonel Amirouche, et l'estime que lui réservait un habitant de Larbaa. La famille de ce dernier semblait avoir subi les affres de l'affaire de la bleuite, qui entraina des centaines de victimes innocentes. Ouamrane les regratta et les qualifia de fautes ».

Le Colonel Amirouche reconnut également un jour, en présence de son secrétaire Hamou, dans ces termes 'il arrive que le FLN commette des erreurs'.

Des années plus tard, « je me promenais dans les rues de Tizi-Ouzou, et je tombai sur mon ancien chef en fédération de France. C'était un homme de petite taille, trapu. Il était chef de secteur quand j'étais chef de Kasma. Nous discutions un petit moment, et je lui demandai de ses nouvelles »

- Alors, tu as eu affaire à la guerre ?

C'était une façon vague mais qui signifiait avec précision « s'il n'avait pas été arrêté et torturé par la police française à Paris ».

Il me répondit alors,

- Lorsque la police rentrait dans l'hôtel où je travaillais pour perquisitionner, elle faisait souvent des arrestations. J'étais alors à chaque fois accroupi, en train d'éplucher des pommes de terre. Quand la police m'interrogeait, je répondais 'je ne sais pas, je ne comprends pas', comme un pauvre mec à l'esprit simple. Et les policiers s'en lassaient vite et repartaient toujours sans moi.

## Sadia

Sadia, naquit au village Igherbieene, d'Abderrahmane et Titem, Tabsekrit, référence à son village natal Ibsekrien, peu avant la fin des années 1930. Mais elle fut présumée en 1935, afin de pouvoir la marier à un certain Tahar Moh Belhaj. Ce dernier fut l'un des premiers responsables de l'ALN du village Igherbiene. Il était chargé de distribuer les armes durant l'opération dite « Robert Lacoste ». Lorsqu'il attribua les armes, l'une d'entre elles devait échouer entre les mains d'Ahmed Ait slimane, selon la liste officielle. L'un des frères ainé de Sadia. Tahar refusa. La transféra vers une autre destination.

Un jour Ahmed se rendit avec une arme, raconte-t-on chez Moh Belhaj dans l'intention de tuer Tahar. Ce dernier fut curieusement très diplomate avec Ahmed, son congénère. Il réussit à le convaincre que s'il ne voulait pas lui attribuer le fusil, c'était par souci de le préserver, étant seul de sa fratrie à être encore dans le pays.

Ahmed finit par rentrer chez lui moins rancunier envers Tahar sur la supposée discrimination, disait-il.

Dahbia n-Mhend raconte qu'un soir, 'avant le milieu de la guerre, son époux Hmed et Hmed Moh Amechtoh souhaitaient s'engager dans l'ALN. Tahar, comme pour les tester, les chargea de tendre une embuscade à un camion militaire, à Tizi n-Sebt. Mais il y eut plusieurs camions, et les deux embusqués renoncèrent à attaquer. Ils se retirèrent pour remettre l'attaque à une autre occasion. Tahar refusa alors de les mobiliser'.

Mais Tahar n'était pas à sa première. « Bien plutôt, lors de l'opération Robert Lacoste, il n'accorda pas une seule arme à un Adghar. Une aversion qu'il avait déjà bien avant pour tout le quartier ».

Sadia fit un jour une comparaison entre les Moh Belhaj et les Moh Amechtoh. Elle affirma alors que chez ces derniers, les femmes avaient le droit de boire du café, alors que chez son ex-mari, seuls les hommes avaient le droit de gouter à ce précieux breuvage noir. Les deux familles étaient pourtant d'une opulence comparable à cette époque.

Moh Belhaj possédait déjà depuis un moment une gargote près de la plage, à Alger. Beaucoup de jeunes d'Igherbiene purent y travailler. C'était comme l'escale indispensable pour conquérir Alger.

On raconte que les autorités françaises auraient accordé au père de Moh Belhaj cette boutique en récompense de son travail dans la plongée. Il faisait une plongée de 12 m pour atteindre l'ancre des bateaux, dans le port d'Alger. D'autres témoins de l'époque racontaient également qu'il aurait gagné ce petit commerce, pour avoir attrapé un criminel dans la rue, en aidant ainsi les autorités. Toujours est-il qu'il semblait descendre d'une lignée d'hommes rares.

« Tahar Moh Belhaj, était un bagarreur de renom dans la région. Il se trouvait un jour dans un café maure d'Ali Omar, à Agouni Temlilin en compagnie de Hemd-ou-Abderrahmane. Assis sur un tapis, comme tous les autres clients. Un homme qui venait de rentrer se dirigea vers lui, et voulut le dégager de sa place. Il se pencha alors vers Tahar le menaçant. Tahar ne patienta pas trop longtemps. D'un brusque et imparable mouvement, il lui asséna un coup de tête et le ramena à terre. Sa réputation et son autorité furent depuis installées. A cette époque, Ce n'était pas de savoir frapper qui comptait le plus, mais d'oser frapper. C'était cela qui faisait la différence. Tahar était d'une petite taille. Un homme sec et plutôt musclé, au mouvement rapide».

Son ami de l'époque d'avant la guerre, c'était Atermoul. Un homme hors catégorie, du village Imsounène. C'était un tueur, un dur.

« Je me souviens d'Atermoul lorsqu'il était venu voir Tahar à Agouni T qaets ».

- Tahar moh belhaj est dans le coin ?
- Oui, il est-la bas. Répondis-je.
- Appelle-le, me dit-il sur un ton sec.

J'étais très jeune à l'époque, vers le milieu des années 40.

« Atermoul fut tué au maquis vers l'année 1957. Il était souvent affecté dans les secteurs les plus dangereux. Ses camarades devaient être soulagés qu'il ne soit plus des leurs, tant il pouvait être difficile à gérer. Il avait tué un homme de façon injustifiée avant la guerre, dans le seul plaisir de s'amuser avec son arme ».

« Sous l'influence d'Achour N Boujemaa Ou Yidir, du village Iajmad, Tahar finit progressivement par s'éloigner de ses camarades. Il rejoignit finalement l'armée française ».

Abderrahmane, père de Sadia, savait pour cette trajectoire. Suffisamment à temps pour songer à faire fuir sa fille mais pas assez pour s'échapper lui-même.

Lorsqu'Abderrahmane rendait visite à sa fille, il lui arrivait de ne pouvoir rentrer. Elle le recevait, se rappelle-t-elle, au seuil de la maison, la goutte de la pluie ruisselant du toit, lui tombait sur l'épaule.

Ils marchaient une fois dans les hauteurs d'Ameghrous, terrain escarpé au nord du village, Sadia, sa mère et son père.

Titem suggéra à son époux, de faire un déplacement, qui pourrait durer un temps, comme un voyage pour le travail. Abderrahmane rétorqua courtoisement

« Non, moi, je vais profiter de voir ma fille ».

Titem surprise, s'exclama

- Quel beau langage, je ne t'avais jamais entendu parler comme ça, qu'est ce que ça nous cache ?

A cette période, Sadia était dans la maison de ses parents. Son père prétendait que c'était pour visite. Il eut la peine du monde à la soustraire à son époux.

Il ne tarda pas à lui faire entamer sa vie de fugitive. Des maquisards se chargeaient de sa protection. Elle passa le clair de cette évasion près d'Ihnouchène. La nouvelle de l'époux devenu harki ne tarda pas à se propager dans le village. Il vint peu après réclamer sa femme auprès de son père, à l'époque âgé d'environs 63 ans. Ce dernier refusa de satisfaire la requête sur le champ, même s'il savait qu'il avait affaire à un homme cruel. Les soldats français accompagnaient Tahar, qui amena de force Abderrahmane, jusque chez sa fille ainée, Zahra, mariée à un habitant de Houbelli. Sous ses regards, ils lui font subir des sévices abominables. Entre l'électricité et le piétinement avec des rangers sur le torse, Tahar donnait libre cours à son atrocité, pour que Zahra dévoile le refuge de sa sœur cadette. Les deux femmes avaient gardé contact, compte tenu de la distance des deux villages. L'ainée suppliait l'autre de se rendre afin d'épargner leur père.

Zahra et son père, se retrouvèrent le soir même en prison, chacun sa cellule, dans la caserne de Nador. Une montagne qui surplombe du côté Est Houbelli. Tahar eut un brin d'humanité un instant, et proposa à Zahra, « vas rester avec ton père, si tu veux».

Le lendemain, il était prévu que le vieux père fut exécuté si sa fille ne se manifestait pas. Il était lui-même chargé de creuser sa tombe. Il évacuait alors la terre, et allait chercher du bois dans la broussaille environnante. A chaque trajet qu'il fit, il s'éloigna un peu plus. Il crut un moment, s'être fait oublier, et décida de franchir la dernière barrière. Le soldat de la sentinelle le remarqua mais ne daigna pas l'interpeler, faisant mine de regarder ailleurs. Abderrahmane s'en alla discrètement, sans regarder derrière lui, sans brusquer le pas, jusqu'à s'évanouir dans la nature.

Il se retrouva à Bounaâmane, une forêt frontalière entre Tizi Ouzou et Bejaia, près de Zekri. Très dense et jonchée d'une broussaille ininflammable. La plupart des maquisards qui avaient du mal à se mouvoir en vitesse, s'y réfugiaient. Un poste de commandement de la Wilaya de III y était installé. Ils finirent par libérer les personnes trop âgées, dont Abderrahmane. D'un vagabondage à l'autre, il réussit enfin à émigrer à Oran, où il put se poser et travailler.

Sadia avoua plus tard, que depuis qu'elle était en fuite, au maquis, depuis que son père était sauvé, à la différence de son vécu dans le village, depuis le début de la révolution et surtout son mariage avec Tahar, à peine elle posait sa tête, elle était plongée dans un sommeil profond. Les soucis étaient moins vifs. La mort était partout, tout le monde s'y attendait et l'acceptait. Ça n'arrive qu'une fois, avec peu d'angoisse et beaucoup de fatalisme. Elle se trouvait loin de la cruauté des perquisitions imparables que subissent les villageois.

Durant cette poursuite, qui dura plusieurs mois, Titem, dut également se trouver un refuge chez les Bounsiars, puis une longue période chez Arezki Teghilt Ferhat. Beau père de Jegiga G'Yahya, dans le village Guendoul.

Un soir, chez les Bounsiars, dans la cour de la maison de Mohand Ath Cheikh, futur beau père de Moh Essa Nath Amar, Titem parlait, nostalgique et optimiste. Une petite fille de huit ans, Fatima N Si Ahmed l'écoutait, « J'espère que Mohand-ou-Yidir reviendra pour que je le revoie » se souvenait Fatima.

« Cherif, fils d'Arezki, est venu me voir un jour à l'hôpital lorsque j'y étais pendant près d'un an. J'avais selon les médecins une tâche dans le foie. Attrapée fort probablement sur le lieu de travail. Je travaillais dans une usine de limonade ».

Fatima Moh-El-haj se souvient vaguement de La-Titem. 'Quelqu'un à la maison m'envoya chez elle chercher un ustensile. Elle était assise avec d'autres femmes, vêtue d'une robe bleue. Elle était très propre, d'une taille moyenne, plutôt petite. Un visage carré, légèrement rondelet par les joues non creuses. Elle avait le même nez que Hamid. Teint très clair, comme Na Sadia. Son décès survint quelques semaines plus tard'.

A son décès, Sadia et Dahbia N M'hend se dépêchèrent à Ath moussa pour aller chercher un permis d'enterrement auprès de la caserne, juste avant la tombée de la nuit et le début du couvre feu. Nous étions encore au village Alma Bwaman.

Dahbia n-Ali, l'épouse de Mohand, exilé en France depuis 1953, était réfugiée chez les villageois. Un jour, elle se retrouvait chez les Ben Saïd. Tahar, était de passage, accompagné de soldats français, en perquisition. Il la remarqua alors au milieu d'un groupe de femmes.

- Qu'est ce que tu fais là, toi ? tu es la femme de Mohand ou Abderrahmane ! il devait en être sûr.

Une femme lui rétorqua :

- Non, ce n'est pas elle, c'est Hasni n'Ali. C'est l'épouse d'Ahmed-N-

Cheikh. C'est sa sœur, elles se ressemblent, tu as oublié ?

Tahar sembla alors comme pris d'une torpeur, se ressaisit et décida de poursuivre son chemin, laissant tomber l'interrogatoire.

La vérité n'était pas loin. Hasni n'Ali et Dahbia n'Ali sont cousines. Hasni était mariée à Hemd-n-Cheikh, contre la volonté de ce denier. Depuis il quitta le foyer familial, et émigra en France, pour ne revenir qu'au décès de sa mère, bien longtemps après la guerre. Et Hasni était repartie auprès de ses parents depuis longtemps avant cet échange.

Tahar finit par être abattu par un maquisard dans le village de Cherfa, près d'Azazga. Suite à quoi Sadia put revenir au village.

Zahra quitta la cellule. Son mari Moh Namar, fut l'un des premiers, peut être même le premier, le statut qu'il revendiquait lui-même, à divulguer ce qu'on appelait communément les bleus. Des maquisards de l'ALN qui avaient une complicité, objective ou pas, avec l'armée française. Il lui arrivait souvent de croiser ces maquisards dans les casernes qu'il fréquentait parfois pour boire un verre. Il finit par donner leurs noms au FLN, tout en continuant d'aller dans les bars français. Il était un amateur de la bonne cuisine, bien arrosée. Il finit par émigrer à Oran. C'est la ville de la belle vie, malgré les années de braise, disait-il.

Abderrahmane, un homme de grande taille et d'un gabarit bien constitué était, dit-on une force de la nature. Il aimait savourer les bons repas. Il était d'un effort permanent au travail. A une époque, il allait parfois, en marge de son travail, s'entrainer à manier le bâton en duel, à Sidi Bel Abbès. Une culture très répandue dans les régions de l'ouest.

Un jour, Titem, alla chercher de l'eau à la fontaine du village. Son retour était trop tardif, surtout aux yeux de son mari. Mis en rogne, il dut la gronder très sévèrement. Elle ne dit rien sur la raison du retard. Mais quelqu'un d'autre lui apprit qu'un individu lui avait pris sa place de force. Elle le décrit. Brun, petit de taille. Bon gabarit. Il arriva à l'identifier.

Un Lundi matin, il était censé se rendre à son travail. Il se leva assez tôt, attrapa l'individu, le tabassa, et poursuivit son chemin à son travail. Lorsqu'il y eut enquête, tout le monde reconnut qu'il ne pouvait pas être l'agresseur.

Le jour de la mort de son cousin Mhend-Ou-Slimane, il était parti tôt le matin pour rejoindre les maquisards à Tala Gourawen. Arrivé sur place, ils étaient déjà partis. Il revint alors à la maison pour se trouver une cachette jusqu'à la nuit suivante. Dans la famille, on pressentait la venue des soldats français, pour une perquisition. Sadia s'empressa alors de l'enfermer dans l'écurie, le cachant avec du foin.

Mohand-Idir et son ainé, étaient loin de ces évènements. Mais ils envoyaient des mandats pour acheter un terrain broussailleux, à Tamaright, pratiquement à l'extérieur du village, appartenant jadis à Ath Adas.

**Moh Saïd Ouali**, cousît de l'argent dans les vêtements de son fils Idir de retour de Nezla. Il devait se dire que les soldats ne fouilleraient jamais l'enfant.

Au premier poste d'Azaghar, ils ne furent pas fouillés. Au poste de souk el Hed, les soldats fouillèrent seulement le père, ils n y trouvèrent rien. Une femme, qui était son ex belle mère, indiqua l'enfant, « Et si vous fouilliez aussi l'enfant ?», ils suivirent la recommandation de la maudite femme. Ils trouvèrent l'argent, arrêtèrent Moh Said Ouali. En garde à vue, torturé à mort. Ils le jetèrent au petit matin à Tizi n Sebt.

« Boukejir devait être né vers l'année 1895. Il avait perdu une jambe comme le surnom l'indique, durant la grande guerre. Il lui arrivait de trop boire et monter sur le dos d'un âne. Il venait dans le village, et commençait à insulter tout le monde ».

Lorsqu'il y avait perquisition de l'armée française durant la guerre de libération, au village Alma Bwaman, vers lequel les citoyens d'Igherbiene étaient évacués, ses filles le ramenaient dans une brouette, avec toutes ses médailles sur lui. Les soldats français, le saluaient, et n'osaient pas le toucher.

Son fils Mokrane, était l'un des premiers maquisards du village. Il fut tué dans la zone rouge.

Belkacem, dit 'Lancez', est un autre de ses enfants, était également maquisard de l'ALN. Dans un accrochage avec les français, raconte-on, il n y avait plus de grenade, il criait alors « lancez des pierres ». Il haranguait ses camarades en répétant le mot « lancez » plusieurs fois.

Moh Ouali Amrous, avait étudié et milité avec Laimèche Ali. Il finit pourtant dans la caserne, alors qu'il ne s'était jamais rendu.

Arrêté, il fut tellement torturé qu'à la fin il n'avait plus sa raison. Un jour, sorti de chez lui, il se dirigea tout seul vers la caserne. Il prit son déjeuner avec un chien, dans une totale indifférence.

Son épouse, Fatima-n-cheikh, était jusqu'au bout, un agent de liaison. Elle passait dans les maisons pour collecter les provisions, et s'occupait d'acheminer le ravitaillement aux maquisards. Son mari décéda dans la caserne.

## Vriruch

« Mohand Yazourène de son vrai nom, donna le commandement de la région d'At Jennad, à Achour N Boujemaa Ouidir ».

« Achour était le fils de la sœur de Vriruch. Il y avait pourtant beaucoup de plus anciens militants que lui dans la région. Mohand Amokrane Tighilt Ferhat, Zi M'hand ou Slimane, Said Moh ou Lhoucine et Zi Moh el Haj étaient tous plus anciens et plus méritants. Après l'affaire Robert Lacoste, ils partirent tous loin de la région At Jennad pour éviter de tomber sous le commandement d'Achour Aman Zegwaghen ».

« D'ailleurs ils furent tous tués là-bas, dans ce qu'on appelait la zone de la mort, comme Larbaa Nath Irathen, Beni Douala et Souamaa. Dans ces régions, il n y avait pas beaucoup de refuge, et peu de cachette comme ici près d'Ighil ».

« Achour faisait commettre des exactions par des éléments de l'ALN et poussait souvent par ses actes les gens dans les bras des français. C'était Achour qui avait poussé Tahar à changer de camp, comme il l'avait fait pour d'autres ».

« Ali Saïd ou-Laarbi était fils d'un frère de Vriruch, neveu comme Achour. Avant la guerre Tahar Moh Belhaj était plus bagarreur qu'eux. Ils se retrouvaient dans le café maure d'Ali Omar. Les deux neveux de Vriruch étaient fort intimidés par la présence de Tahar, qui les avait par le passé battus en duel à mains nues. Lorsqu'ils se retrouvèrent tous dans les rangs de l'ALN, les neveux de Vriruch finirent par avoir un meilleur grade que lui, en peu de temps. Il subissait alors la pression et sans doute des gestes d'humiliation. Progressivement, il s'éloignait de ses camarades. Achour finit lui aussi par rejoindre les rangs de l'armée française ».

« Lors du congrès de Tripoli, en 1962, Vriruch demanda la procuration à tous les commandants de la wilaya III. Il leur promit de voter pour Krim Belkacem. Il les renvoya au pays à dessein, dans leurs secteurs respectifs, tous assurés d'avoir apporté leur soutien au chef naturel. Vriruch décida contre toute attente de voter pour Ben Bella. Ces commandants n'auront jamais pardonné à Vriruch cette trahison ».

« Vriruch n'était pas aimé dans son village et les villages environnants, après l'indépendance. On lui demanda un jour s'il ne pouvait pas intervenir pour équiper son village Iajmad d'un réseau électrique. Il répondit amère et narquois

- Si je pouvais, je leur enlèverais même la lune.

« Il se serait accaparé des terres publiques qui devraient revenir aux pauvres et aux orphelins. Des gens avaient travaillé pour lui comme ouvriers, et ils ne furent jamais payés. Erravie et Mouloud Bouksil avaient travaillé pour lui longtemps avec leurs tracteurs, dans le transport des matériaux de construction. Ils ne reçurent jamais leur dû ».

« Un jour, alors qu'il était de retour de Dellys, les deux conducteurs de tracteurs l'attendaient et l'interceptèrent pour réclamer leur paiement. Il leur promit très courtoisement qu'il allait envoyer l'argent par la poste. 'C'est plus sûr' rassurait-il. Ils repartirent alors tranquilles et rassurés. Ils n'eurent jamais eu de nouvelles de lui. Vriruch finit très vite par quitter son village, il déménagea définitivement pour s'installer à Alger ».

### Désillusion

« Ouamrane, dans sa région, les gens ne semblaient pas l'apprécier beaucoup après l'indépendance. On dit qu'il lui arrivait de se servir de son arme pour imposer sa loi ».

« Ouamrane acquit une pompe à essence pour avoir une sécurité alimentaire, de la part du régime. Il se retira définitivement des affaires politiques à l'indépendance ».

« Un jour, Si Rezki-N-Bakhlich et moi, à bord de sa Renault 4, étions sur la route de Draa El Mizan, pour assister à un hommage à Krim Belkacem, dans son village Tizra N-Aissa. C'était vers l'année 1990. Je demandai, à un habitant de sa région, qu'on récupéra sur le chemin vers chez lui,

- Comment va Ouamrane ? On aura peut-être l'occasion de le voir aujourd'hui !

- Ah, aujourd'hui, il est en train de payer cher son passé.

« Sa réponse fut surprenante et sans appel. Pour ce jeune homme, Ouamrane a eu enfin ce qu'il méritait. Ils sont nombreux comme lui en Kabylie, qui ne savent pas la valeur des grands hommes ».

### Zone de la mort

« Ils étaient un certain nombre à avoir eu des armes à l'occasion de l'opération Robert Lacoste. Ils furent tous envoyés dans la région de Larbaâ Nath Irathen, où ils affrontaient l'ennemi à découvert. A l'image de Kaci Ihedaden, Mohand-n-Mhend. Moh-Saïd-N-Moh-ou-Lhoucine fut le premier martyr du village. Mohand-N-Saïd Ouacif, fut également tué dans cette région ».

« Une fois Dahbia-n-Mhend monta à la mezzanine, dans la maison de ses parents, et tomba sur deux fusils. Elle ne s'empêcha pas de le dire à son époux Zi Ahmed. Ce dernier le répéta à son beau Frère Mohand. Ce dernier lui, avertit à son tour son interlocuteur, indiscret à son gout 'Si tu n'étais pas mon beau frère, je devrais te tuer'.

« L'une des deux armes était destinée apriori à Zi Ahmed. Elle fut détournée pour échoir entre les mains de Mohand. Et l'autre fusil était naturellement celui de son père. Mais seuls ceux qui avaient des armes devaient en être informés, c'est l'explication de la menace ravalée de Muhend-N-Mhend à l'égard de Zi Ahmed ».

« Mhend-ou-Slimane recommanda à son fils de se débarrasser de son arme au profit d'un autre maquisard, afin qu'il puisse rester à At Jennad. Muhend resta ferme sur sa décision

- Je vais garder mon arme et je vais mourir avec.

« Il fut tué dans la région d'Igufaf lors du passage de Krim Belkacem et Mohand Oussaïd. Krim et ses camarades officiers réussirent à s'échapper. Le reste du bataillon périt sous les bombardements menés par une aviation acharnée. Kaci Ihedaden fut parmi les martyrs ».

« **Mokrane Nat Boada**, c'était un immense maquisard de l'ALN. Il fut tué dans l'insurrection du FFS. C'était lui qui avait incité Zi Mohand à quitter le parti de Messali, pour adhérer au FLN. Ça devait être durant l'année 1956 ».

« **Kaci n'Amara,** Oussaïd de son vrai nom, du village Ait Braham, était à Bounaâmane près de Bni Ksila. Mon père y était aussi. C'était le refuge de beaucoup de personnes engagées qui ne pouvaient pas courir assez vite. La broussaille y était inaccessible au feu. Et le poste de commandement y était fréquenté par d'éminents chefs ».

« Un jour, Kaci n'Amara reçut la visite du colonel Amirouche, et ce dernier lui demanda,

- Combien y a-t-il d'homme dans ce maquis ?
- Brule cette forêt et je me mettrai à les compter. Rétorqua si-Kaci.

« Amirouche ne put s'empêcher de rire à la réplique osée de son camarade de lutte, parait-il plus ancien que lui. Très peu d'homme à cette époque osaient parler sur ce ton au Colonel ».

**Moh-ou-Rezki-**n-Said-Ouali, apprit que ses camarades qui reçurent des convocations comme lui, partis au lieu du rendez-vous, et se firent tous tuer. Il se confina alors chez lui, dans la maison de Moh cheik n-Saïd Ouali. La propriétaire de la maison était seule à le savoir.

Il était considéré depuis comme un bleu. Il reçut quelques jours plus tard une visite indésirable d'éléments de l'ALN. Ils lui tirèrent dessus, il sauta par dessus la fenêtre, balança son arme et ses munitions par la fenêtre en direction des assaillants. Il fut touché d'une rafale au ventre. Grièvement blessé, il fuit alors vers la caserne militaire d'Ibdache, où il se fit soigner. Sa famille et lui furent installés désormais tout près de la caserne. L'ALN se résolut à reprendre liaison avec lui par le biais de Belkacem, son frère cadet. Il se mit à préparer tranquillement son aventure. Durant tout ce temps, il lui arrivait de faire une perquisition dans son village Igherviene, avec les soldats français, en compagnie de Tahar. Ce dernier buvait, insultait et violentait les villageois. Tandis que Moh-Ourezki rassurait discrètement les gens en leur disant 'Calmez vous, ça va passer'. Un jour il se retrouvait devant la femme qui l'avait balancé, alors il lui lança, les yeux dans les yeux,

- Aujourd'hui, je pourrais te tuer et demander à ma femme de pousser des youyous, comme tu l'avais fait pour moi. Mais je ne le ferai pas ».

Il s'en alla. Il réussit par la suite à s'évader en famille et avec des armes. Il fut repris par l'ALN, mais loin du maquis. Il fut astreint à la couture à Tala t-Gana chez son oncle Amessis, pour le compte de l'ALN. Ça lui permit de laver son honneur.

### Mhend ou Slimane

« Zi Mhend était un grand technicien. Un maçon et un électricien. C'était lui qui avait fait toute l'installation du réseau électrique du village Cheurfa. Le réseau est toujours fonctionnel à nos jours. Il avait une boutique d'alimentation générale au nord du village, à Adghagh Amellal. Il conduisait également le car d'Ali Omar avant la guerre. Un car renversé par la suite par les maquisards, tuant par égorgement le fils d'Ali Omar. Le père de ce dernier ne tarda pas à rejoindre son fils, sur la main des mêmes éléments, après les avoir critiqués sur la façon d'avoir tué son fils ».

« Je me souviens de Zi Mhend, qui rendait fréquemment visite à mon père. Il lui parlait souvent politique, alors que mon père n'était pas encore assez branché à ce milieu ».

Un jour, lors des funérailles d'un homme dans le village, en début des années 1950, des jeunes se levèrent et entamèrent la danse rituelle des morts, qui impliquait parfois d'entrer en transe. C'est une tradition du Soufisme. Mhend ou Slimane révulsé par cette scène, et l'inclination à l'ivresse en tout genre, il se leva et les remit immédiatement à leur place dans tous les sens du terme. Puis, il les sermonna sur leur indifférence vis-à-vis des préoccupations du moment, le mouvement national était déjà en effervescence.

Les soldats virent depuis Tamaright une femme en train de jeter des pierres sur l'abri où se trouvaient des maquisards. A l'intérieur de l'abri, se trouvait Mokrane Bouksil, Belkacem Ouacif, Rabah Moh Oussaid et Mhend Ou Slimane.

Mhend ou Slimane avait prévu de faire embuscade au lever du jour. Alors toute la caserne d'Azazga débarqua sur place.

Il recommanda alors à ses camarades,

- Je sais que je vais mourir, alors c'est inutile qu'on meure tous, vous mettez tout sur mon dos. Dites que je vous y ai entrainés, et que vous ne saviez rien.

Il brula alors tous les documents avant de sortir.

Les français firent venir Si El houcine pour prier son fils Belkacem de lever les mains et sortir. Rabah fut blessé aux jambes. Il ne resta plus que M'hend. Il se manifesta finalement. Il était en train d'essayer de désarmer un soldat à mains nues lorsqu'il reçut une balle derrière la nuque.

Des villageois parlaient et parlent encore d'un homme qui ne serait pas étranger à la promptitude des français à se pointer au village en nombre. Certains d'autres même assurent que l'homme et son épouse seraient complices. Mais l'existence d'éventuelles preuves n'est pas avérée, ni reconnue publiquement.

Moh Ourezki Ouyahia, fut terriblement torturé par les soldats, immédiatement après la mort de Mhend ou Slimane. Le nom de Moh Ourezki aurait été donné également par les mêmes sources.

Fatima Moh El Haj, vit sa mère cacher des sardines dans l'écurie, en mettant du foin dessus. Seuls les maquisards avaient droit de manger des sardines. Si les soldats les surprenaient dans une maison, les habitants étaient coupables d'office de complicité avec les rebelles. Fatima profita de l'absence de sa mère, et suivit la trace et manga les sardines. Il y eut un appel dans le village pour que toutes les femmes sortent. C'était toujours la consigne lorsqu'il y avait perquisition de l'armée française. Les femmes devaient sortir et se regrouper. Certaines mettait de la boue ou carrément de la bouse sur le corps, afin d'éviter la bestialité des soldats. Une femme se retrouva seule un moment. Elle attrapa Fatima, et la pinça au bras pour qu'elle pleure assez fort, et aucun soldat ne trouvait pertinent de l'embêter davantage. Zahra, une cousine éloignée, n'eut pas eu cette chance. Elle dut subir une brutalité inouïe de la part des soldats français.

Le corps du martyr, Mhend Ou Slimane, fut ramené à takejout pour des funerailles très rapidement. Moh Amechtoh se chargea de son enterrement. Sa mère Taadourt et sa fille Dahbia furent présentes également. Son épouse Tassadit Meziane était absente à l'enterrement. Le code protocolaire l'exigeait ainsi probablement.

Moh Ourezki Ouyahia, déclara plus tard,

- Si je savais qu'il allait se cacher dans cet abri, je l'aurais prévenu. Car je soupçonnais un peu qu'il était vendu, et je n'ignore par qui ça pouvait l'être.

Moh El haj avait déjà recommandé à M'hend ou-Slimane d'éviter de revenir trop souvent dans le quartier.

Ainsi le maquisard se sacrifia pour sauver la vie de trois de ses camarades ainsi que les secrets d'organisation dans toute la région. Les documents auraient donné tous les noms des civils qui assuraient la liaison. Nous sommes en fin 1959 et l'opération Jumelles battait son plein.

Sadia garde des souvenirs du maquisard : 'M'hend Ou Slimane était un bon vivant. Joyeux et marrant. C'était un homme à femmes. Il était disert et très bon orateur'.

« Après l'opération Jumelles, la Wilaya III était réduite à 4000 hommes mobilisés. L'ordre fut donné de se terrer. Un bataillon partit opérer dans les Aurès. Moh Oufellah était de ceux là. Le reste se dispersa. Certains repartirent travailler dans les grandes villes, y compris Tizi Ouzou. Belkacem Ouacif entre autres reprit le travail dans un Hammam à l'ouest Algérien. D'autres purent trouver des cachettes dans les villages. La plupart durent cacher leurs armes, qui de toute façon n'auraient pas servi dans l'immédiat. Les chefs de l'extérieur, les appelaient à cesser d'affronter un ennemi, de loin supérieur matériellement ».

## Moh-lhaj Tegaoua

'Wardia n-Moh Amechtoh, pensait au début de la guerre, que seul son mari Moh El Haj, était engagé dans le village. C'était le cas de toutes les épouses dont le mari était mobilisé dans l'ALN. Aucun secret ne filtrait. Mais la vertu des Kabyles requérait que l'homme mît toujours sa femme dans le secret' Souligne Fatima.

'Lorsqu'il s'avéra que beaucoup d'hommes étaient engagés, notamment lors de l'opération Robert Lacoste, une grande tristesse s'abattit sur les villageois, et le village leur semblait se vider d'un seul coup'.

Moh El haj laissait un mot de passe régulièrement à son épouse. Lorsqu'un homme ramenait un coli, elle exigeait le mot pour le récupérer. Les gens qui voyaient ça, croyaient que son mari ne cessait de lui envoyer des cadeaux et autres achats.

'La maison d'Annar, fut construite par Muhend n M'hend. Il y avait un abri à l'intérieur. Wardia surprit un jour son époux en train d'y cacher des armes'.

Les hommes prévenaient à chaque fois qu'ils devaient faire une embuscade pour que les femmes poussent des youyous. Ça les stimulait pour le combat. Un cafouillage eut lieu un jour. Lorsqu'ils durent tirer sur Moh Ourezki n-Said Ouali. Les femmes furent réprimandées à cause des youyous. L'armée rappliqua juste après pour un large ratissage.

'A chaque fois qu'il revenait de Larbaa nat Irathen, Moh L-Haj, avait l'habitude de faire un crochet à la maison, pour revoir les siens. Des camarades à lui le prenaient mal.

Un soir, il était à la maison, de retour de Larbaa, il faisait déjà noir. Sa fille Zahra encore dehors, faisant quelques pas dans la broussaille environnante quand elle aperçut deux silhouettes. Elle rentra haletante et paniquée, et prévint son père. Dans la hâte il empoigna son arme, mit les pieds dehors, et se dépêcha vers Aouin L-Haj. Il y retrouva les visiteurs dont il reconnut vaguement le profil et les mit en joue. Dans l'indécision, les deux embusqués levèrent les mains. C'était deux inconnus, qui finirent par avouer les noms de deux commanditaires très connus.

Il y voyait une forme de jalousie pour son grade. Mais également pour son intervention, à la fois pour épargner certains ennuis à son beau père de la part de ses compagnons, et pour éloigner la menace qui pesait sur son frère ainé Mokrane, émigré en France. Il se défendit alors auprès de ses camarades en ces termes

- Si quelqu'un doit être condamné dans ma famille, c'est à moi de le faire. Nous sommes entre nous dans le village.

Il mit ainsi un coup d'arrêt à un train de violence fratricide, qui serait provoqué par des fanatiques zélés parmi les maquisards.

De la caserne d'Ath Moussa, les français pouvaient voir à œil nu, les chats qui se déplaçaient dans le village Alma Bwaman, où Igherbiene étaient évacués.

A chaque fois que les maquisards avaient le projet de faire embuscade dans le village, une certaine Hasni n'Amar mettait un foulard rouge. Immédiatement les soldats français se pointaient en nombre et commençaient les perquisitions. Hasni n-Amar fut alors condamnée et exécutée par Moh el haj.

Moh LHaj tomba dans une embuscade tendue par des soldats français. Ils étaient en haut des arbres. Juste après le coucher de soleil. Il ne pouvait pas les voir. Un harki de la région le balança auprès des français

- Un sous lieutenant passe par ici très souvent.

Deux de ses compagnons y survécurent.

« J'ai vu l'endroit où Zi Moh-Lhaj était tué. C'était près d'une sorte de grillage. C'était pourtant une zone interdite d'accès par l'ALN ».

Certains disent qu'il est mort début janvier, d'autres parlent de début février. D'autres encore affirment début mars 1962. Mais dans la région de Souama, ils sont tous d'accord sur le fait que c'était le 1$^{er}$ jour de Ramadan. Soit vers le 5 février 1962. Les français célébrèrent sa mort dans la soirée, en exposant son corps dans le village.

Des maquisards le récupérèrent discrètement et le transportèrent jusqu'à Ath Zellal depuis Souama. Il fut enterré avec son compagnon derrière le Dôme de cheikh Amokrane.

## Commandant Moh Ouali

'Il était du village Timerzouga. Son père fut arrêté par les autorités françaises durant la guerre. Torturé pour soutirer des renseignements sur son fils. Il finit par rendre l'âme sous les sévices'.

'Moh Ouali c'était l'homme qui n'avait jamais perdu une embuscade. Son principe avant d'en préparer une, était : 'Ou bien on réussit, ou bien on meurt'. Il souffrait d'un surpoids, surnommé Chribibi. « Il avait la réputation de choisir pour ses unités des maquisards qui ne couraient pas trop vite ».

'Il tendit un jour une embuscade au mont de Chaara, en haut du village Begoub, coté Est de Yakourene. Les maquisards tinrent 8 jours et sept nuits, face à des chars et des hélicoptères bananes appelés en renfort. Il finit par s'en sortir avec un nombre de ses camarades'.

'Il pestait un moment contre la divinité lorsqu'il allait près d'un Hélicoptère et trouva en dessous une herbe mouillée, ininflammable. Le contre temps amusa bien ses camarades qui en témoignèrent bien plus tard'.

« Il était en embuscade, un jour, caché derrière un pont, près d'Aghribs et un avion mouchard survolait la région. Ses camarades tiraient des coups de feu sur l'avion, en vain. Dans la frustration, Moh-Ouali demanda de la chique à l'un de ses compagnons. Le tabac en général était pourtant interdit en Kabylie par Si Amirouche. Il prit alors une portion de chique, il visa et tira un coup de feu. L'avion et ses deux pilotes ne survirent pas plus longtemps à l'aventure après le coup du chef. Il fut promu suite à cet exploit. Il finit plus tard commandant, avant de quitter la zone ».

C'était un ami de Moh Lhaj, en même temps son supérieur hiérarchique.

Lors des évènements du printemps berbère en 1980, chez lui à Alger, il lança à son invitée, Fatima Moh el-Haj,

- Vous-vous préoccupez de la cause berbère alors qu'avec 200 dinars vous remplissez à peine le fond d'un couffin !
- Je n'ai même pas 200 dinars pour remplir le fond d'un couffin. Je ne vis pas comme toi, avec des caisses remplies qui arrivent au seuil de la maison. Lui rétorqua Fatima.

Cette dernière était sur le point de s'en aller, quand il la rattrapa avec sa fameuse «Thevra », « tu rentres ou je te mettrai deux gifles ».

'Tu crois que je suis bien ? Tu crois que je suis mieux que ton père ? Ton père est maintenant au paradis alors que moi je traine dans ce bas monde, à rien faire, à part me souler la gueule' se désola le commandant.

'Abane c'était un géant politique. Khider, lui, il avait un don politique' reconnaissait-il.

'Je ne sais pas comment je me suis retrouvé aux coté de Ben Bella. Nous avons été noyautés. Mon jihad a perdu de sa valeur' regrettait l'ancien maquisard.

'Il devint député à une époque, au sein du parti unique. Il finit par être écarté et réduit à rien. Les officiers avaient tous bénéficié de commerce de boisson, des cafés et surtout des bars. C'est la solution du pouvoir pour les noyer dans l'alcool et les faire tomber dans la déchéance, pourvu qu'ils ne se réveillent pas un jour pour toucher à la politique' assène Fatima.

'Il n'eut pas eu de villa comme Vriruvh. Il habitait un appartement dans un quartier de Fouge-roux, à Alger. Mais tout comme l'autre, il n'avait pas aidé les siens'.

'Il y eut un scandale, il décida alors de vendre sa maison. Il abandonna sa première femme Hasni qui était de sa région. Elle était très belle. Il se remaria avec une autre femme de Bejaïa, qui était bien cultivée et professionnellement plus épanouie'.

'Le commandant Moh ouali, annonça la mort de Boumediene un mois avant qu'elle ne fût officielle dans les médias. Il expliquait qu'une embuscade fut tendue contre son convoi à Boufarik, à son retour de l'étranger. Il y eut beaucoup de morts. Le retour de Boumediene était toujours annoncé soit à un lieu différent ou un jour différent, y compris pour son commandement militaire. Ce jour là l'information fut donnée juste. Moh Ouali soupçonnait alors des colonels que Boumediene allait déplacer dans sa pyramide hiérarchique.

## Mohand Igherviene

Moh oufellah pour les villageois, était un homme au nerf d'acier, calme au milieu de la tempête. Il rappela au passage de l'un ses longs récits, qu'un convoi de l'armée française fut massacré entièrement dans la forêt de Yakourène. Il reconnut néanmoins que les maquisards de l'ALN étaient très nombreux ce jour là. Ils ne laissèrent pas de répit aux français. C'était bien avant la l'opération Jumelles, dit-il.

Pour plaisanter, il se souvenait des années 40. 'Ali n-Said Ouali revenait du service militaire, au même temps que Saïd Moh Lounès. Le premier était plutôt d'une grande taille, et l'uniforme lui allait admirablement. Saïd, quant à lui, petit de taille, dans un costume du même format que son camarade Ali, il avait l'air de se promener à l'intérieur'.

## Opération d'El Hodna

Si Mohand Igherviene était aux côtés et sous la responsabilité de l'aspirant Mohand Arezki Ouakouak, dit aussi Moh Arezki Amechtoh, d'Adrar At Kodéa de la commune d'Aghribs, placé par Si Amirouche, vers le début de janvier 1958, comme chef de la 3e compagnie relevant du bataillon de choc de la Wilaya III, en remplacement de Si Moh Ouali Slimani, dit Chiribibi, de Timerzuga, sous la responsabilité duquel nous étions auparavant.

'Si Amirouche nous envoie en Zone II à Béjaïa, où l'on a formé le bataillon de choc composé de la première compagnie, qui a pour chef Oumira, la 2$^{ème}$ compagnie sous la conduite de Mohand Ou-Rabah, et la 3e avait comme responsable Moh Arezki Amechtoh'.

'C'est ainsi que notre compagnie est envoyée vers la zone de Melouza, à M'sila. La première compagnie d'Oumira prend la zone d'Ighil Ali et Seddouk, tandis que celle de Mohand Ou-Rabah s'occupe de la zone du Djurdjura, près de Haïzer, et c'est là que l'histoire du camp d'El Horane est divulguée, chez les responsables d'abord'.

'Le camp d'El Horane c'est le 2$^{ème}$ escadron du 8e régiment des spahis, sous le commandement du lieutenant Olivier Dubos, fut bien loti ; il bénéficiait d'une infrastructure d'installation confortable, en occurrence, des réfectoires, des dortoirs et de toute une suite de commodités nécessaires. Il était doté d'une robuste logistique et d'un armement lourd avec des équipements adaptés au terrain aride du sud'.

'A l'origine, c'était Rabah Renaï, un moudjahid de Bouzeguene, qui connaissait un appelé algérien, un sergent chef dans l'armée française et qui s'appelait Mohamed Zernouh, auquel nous donnions, plus tard, le nom de Si Mohamed El Boussaadi'.

'Zernouh, originaire de Djelfa, travaillait avec les moudjahidine, alors qu'il était encore à El Bordj comme appelé dans l'armée française'.

Après des soupçons sur lui de la part de ses supérieurs, ces derniers le mutèrent au camp d'El Hodna. Rabah Renaï, ayant appris cette affectation, reprend contact avec lui par le biais d'une liaison. Une femme du village Ouled Sidi Amar, dont le chef de l'organisation s'appelait Mayouf.

Ladite femme, revoit Zernouh qui lui remit un papier sur lequel était dessiné le camp militaire d'El Hodna et qu'elle a ramené jusqu'à Ouled Sidi Amar, village se trouvant sous la couverture de notre compagnie. A la veille de l'opération, Moh Arezki Amechtoh informa le bataillon en disant que le frère Zernouh nous invite à prendre tout le camp.

'Sitôt tout le plan ficelé, on nous a amené l'adjudant du secteur qui s'appelait Saïd l'Hotchkiss, du village El Yachir, à El Bordj, pour nous accompagner. C'était un connaisseur de la région'.

'Le rendez-vous est pris, et Si Mohamed Zernouh prévient dans sa lettre les djounouds quant à la précaution à prendre en se présentant au camp à 17h45 exactement. Si cet horaire est dépassé, pas question de venir, ordonnait-il. Après avoir traversé un oued à Sidi Amar, nous nous retrouvons face au camp militaire, séparés juste d'un champ de blé verdoyant. Il était 17h30. L'attente de l'horaire indiqué terminée, nous fûmes précédés par Saïd l'Hotchkiss, après le signal de phares d'un camion à l'intérieur du camp, tel que prévu comme mot de passe, par Zernouh'.

'Nous traversâmes le champ de blé et en entrant Si Mohamed Zernouh, avec son complice à la guérite, donnent des ordres de placement de chacun de nous, pendant que les soldats français étaient dans le réfectoire en train de dîner. Moh Arezki Amechtoh avait comme adjoint l'adjudant de compagnie, Amar Mameur Aït Lounis d'Aghribs. Il y avait un sergent qui s'appelait Moh l'Indochine, de son vrai nom Mohamed Fahem, de Tarihant'.

'Il fut désigné pour braquer les soldats. Sur ce, ce dernier braque et ordonne à l'endroit des militaires : «Les mains en l'air, vous êtes encerclés !» Le lieutenant Dubos rétorquait alors en ordonnant lui aussi : «Laisse-nous tranquille ! Va prendre ta garde, Mohamed !», croyant que c'était Zernouh qui plaisantait. Ce dernier invite le braqueur à reculer et à tirer en l'air. Un soldat sort du réfectoire, une assiette à la main, regarde la sentinelle, et lui dit : «Qu'est-ce qui se passe ?» – «Boff ! C'est un sanglier qui passe devant le portail», répondit la sentinelle. Ledit soldat retourne au réfectoire et Moh l'Indochine lui tire dessus et entre au réfectoire en disant : «Cette fois-ci c'est nous, les rebelles ! Les mains en l'air et que personne ne bouge !

'Ainsi, nous sommes entrés avec des cordes et nous les avons ligotés. Je ne me souviens pas combien de soldats, en tout cas, parmi eux figuraient 4 ou 5 Algériens. Nous les avions dirigés dehors, puis, soudain, un des soldats à l'intérieur tira au pistolet et atteignit mortellement au dos un de nos camarades. Il nous avait rejoints il y avait deux mois environ, après avoir déserté l'armée française à

Yakouren en ramenant avec lui une MAT 49», c'était un certain Ali des Issers'.

'Nous sortîmes dehors en guettant tout pendant que d'autres maquisards sortaient des armes et d'autres encore arrosaient le camp avec de l'essence. Sitôt l'opération terminée, les munitions, les armes, les pièces lourdes, ont été chargées sur des mulets au nombre, me semble-t-il, de plus de 70. Les bêtes ont été conduites par leurs propriétaires originaires d'Ouled Sidi Amar, Hammam Delaâ, Ouled Bouhedid...'

'Ensuite, Zernouh sort un char et le retourne, canon pointé vers le camp et tire un obus qui fait écrouler le premier étage et embraser tout le site arrosé d'essence. Nous quittons les lieux en marchant toute la nuit pour arriver à Hammam El Biban. Là, nous montons en montagne, puis déchargeons les armes récupérées, dont celles contre avions et contre chars. Avant la levée du jour, un hélico arrive. Il fait un cercle par un projecteur sur la zone et repart'.

'Le jour levé, nous voyons des soldats français qui déclenchent leur opération de recherche à partir de Mansoura vers le côté situé en face du nôtre, soit vers M'sila. En revanche, côté Mansourah, vers nous, aux Bibans, rien ! Nous y sommes restés jusqu'à 18h passées. Puis nous rechargeâmes les mulets et en route pour Haïzer, le Djurdjura, en traversant Assif Abbas ! Là, nous vîmes les soldats arriver sur la route nationale de Béjaïa. Nous y sommes restés encore jusqu'en fin d'après-midi, puis route vers Ichelladen'.

'Le jour était levé. L'opération de l'armée française s'est limitée à l'oued, ne croyant pas que nous l'avions déjà traversé. Nous y sommes restés encore jusqu'à la tombée de la nuit pour reprendre la marche jusqu'à Akfadou où nous avions déposé les armes et pris les munitions qu'il nous faut pour chacun, puis, après un repos nécessaire, l'on nous ordonna à ce que notre compagnie reparte à Melouza, Hammam Delaâ et Ouled Sidi Amar'.

'Nous fûmes pris par un ratissage entre Ouled Bouhedid et Ouled Sidi Amar, et ce jour-là, Mayouf, le chef organique de ce dernier village, est tombé au champ d'honneur. Nous pûmes sortir et atteindre le village Taslent, près d'Akbou, où nous nous refugiâmes. Sur place, on nous égorgea un bœuf, et au petit matin, nous nous retrouvions encore encerclés'.

'Ils furent poursuivis pendant 6 jours par des militaires aidés par un pistage d'une aviation'.

'Les tirs s'engagèrent dès 4h du matin pour durer jusqu'au soir. Les soldats français cessèrent de tirer, alors que nous, nous n'eûmes pas eu de répit. Quelqu'un aurait dit aux Français : 'Vous les trouverez ces fellagas endormis. Vous les attachez et les ramenez'. Mais ce fut un cuisant échec pour les soldats Français. Nous fîmes tellement de victimes chez les Français que ce jour-là, tous les jeunes de Taslent rejoignirent les rangs des moudjahidines, après avoir pris les armes et détroussé de leur tenue les soldats tombés'.

'Nous avions même pu récupérer des armes Thomson américaines. A 15h, on nous lança des tracts demandant l'arrêt des tirs pour permettre d'enlever les cadavres, mais nous, nous ne pouvions nous arrêter, sachant que nous n'étions pas une armée régulière. Pendant que nous cherchions à nous en sortir, nous vîmes 8 soldats lever les mains en l'air et se rendre vers nous, leur arme en bandoulière, jusqu'à ce qu'ils pénètrent dans nos rangs'.

'C'était des appelés kabyles dans les rangs de l'armée française. Parmi eux figurait un nommé Saïd Tazazraït de Tamda. Puis ces jeunes appelés sont venus avec nous, avec leurs armes jusqu'à Akfadou où nous y sommes restés. L'année 1958 tirait alors à sa fin. «Là, on a remplacé Moh Arezki Amechtoh de notre compagnie et on a reformé notre bataillon de choc'.

'Zernouh, qui a réussi l'exploit d'El Hodna, a reçu des mains de Si Amirouche le grade de capitaine en mettant notre bataillon sous sa responsabilité. C'est avec lui que ce bataillon a pris la direction vers Batna. En arrivant quelque part entre Sétif et Barika, nous occupions une montagne s'appelant Djebel Maâdhi. Et c'est là que nous avions appris, par radio, la mort de Si Amirouche et Si El Haoues'.

'En arrivant à Djebel Boutaleb près de Batna, nous apprîmes officiellement la bouleversante nouvelle. Le moral était au plus bas. Mais quelques uns tenaient mieux le coup, et arrivèrent à redresser la barre, et nous nous accrochâmes avec un slogan 'Nous sommes tous des Amirouche'. C'était le maitre mot pour ranimer la ferveur'.

Puis nous poursuivîmes notre chemin : Batna, Khenchela, Tebessa, Souk Ahras, Laâouinet, Lakbari, Zarouria…, jusqu'à la frontière tunisienne où nous nous retrouvions à trois bataillons des Wilayas II, III et IV.

'A notre retour à Batna, Mustapha Bennoui, chef de la kasma, ordonne aux Kabyles de regagner la Wilaya III, en nous précisant que celle-ci est en train d'être décimée par l'opération Jumelles.

En arrivant à Sétif, nous perdîmes 32 maquisards de la section de Mohand Ou-Ramdane, dont il ne restera que celui-ci et Moh Lazayev de Tigzirt, brûlés par le napalm'.

Dans les journaux français de la mi-août 1958, on pouvait lire, « Le poste était attaqué par des hors-la-loi, qui poignardaient la sentinelle et surprenaient les militaires alors qu'ils commençaient leur repas Deux de ces derniers étaient tués et sept autres blessés. Quelques-uns parvenaient à se retrancher dans une salle où ils tinrent tête à leurs assaillants. Mais ceux-ci, en se retirant, emmenèrent avec eux seize hommes et un officier, le lieutenant Dubos'. Le lieutenant Olivier Dubos était âgé de trente-cinq ans. Il était réputé pour avoir découvert le charnier de Melouza, c'était le 28 mai 1957.

'Le poste était occupé au total par trente-trois personnes, dont cinq musulmans et deux gardes forestiers. L'hypothèse d'une complicité intérieure ayant permis l'attaque des rebelles fut, à l'époque, envisagée'.

'Les recherches aussitôt entreprises pour retrouver les militaires français fait prisonniers n'aboutirent à aucun résultat. Le lieutenant-colonel Goussault, qui a annoncé lundi soir la découverte du corps du lieutenant Olivier Dubos, a précisé que l'acte de condamnation signé d'Amirouche avait été remis à la Croix-Rouge internationale'.

Mohand Igherviene, se révéla par la suite être un maquisard à la fois d'une vaillance et d'une grande humanité. Après l'indépendance, il réussit à éviter beaucoup de morts fratricides lors de l'affrontement entre les insurgés du FFS et les soldats de Ben Bella'.

Il alla prévenir des militants du FFS de cesser de faire des incursions contre les soldats de Ben Bella et leurs indicateurs, habitant dans la région. Vers la fin, déplorait-il, la confrontation se réduisait à l'échelle locale. Il avait commencé ce conflit en 1963, par le détournement d'un camion muni d'armement à la caserne militaire de Tigzirt, au profit du front des forces socialistes. Il finit par s'éloigner de ses camarades, notamment après la trêve observée par Mohand Oulhaj lors de la guerre des sables.

« Krim Belkacem dut regretter vers la fin tous ces morts de la cause berbère, comme Ouali Benaï, Ould Hammouda Amar et M'barek Ait Menguellet, entre autres. De grands nationalistes, tous liquidés au nom l'unité nationale par un fanatisme révolutionnaire. Il se retrouva seul vers la fin. Alors que le clan d'Oujda ne cessait de renforcer ses rangs. Ils engrangeaient des soutiens même parmi les Kabyles ».

« Krim Belkacem finit par s'attirer la méfiance et de l'aversion de la part des chefs Kabyles vers la fin de la guerre. Ils lui reprochaient d'accorder des promotions aux officiers des autres régions. Ils l'accusaient de favoriser les autres régions. C'était probablement de sa part comme pour prouver son non régionalisme».

Un certain Brahna, un officier de la Wilaya III, recommandait à Krim Belkacem d'envoyer des militants kabyles à l'extérieur pour une formation, afin qu'ils soient prêts pour l'indépendance. Krim ne daigna pas l'écouter. Brahna finit par rejoindre le clan de l'ouest pour s'assurer une protection. raconte Fatima.

Salem Ramdani dit Salem El Kahina, naquit au village d'Ath Hessane à Ihasnawen en 1926. C'était un militant du mouvement national des années 30 et militant du PPA, et du MTLD dans les années 40. Il fit partie d'un commando de choc dans le cœur de la Kasbah. Il hébergea Omar Oussedik lorsqu'il était recherché par la police française. Il assurait la liaison avec les responsables du bureau politique de la Casbah et de Belcourt.

Durant la guerre de libération, Il participa à la bataille d'Alger en qualité de Moussebel. Il pourvoyait en médicaments, argent, matériel... contacts et hébergements..., il assumait des missions d'organisation et d'actions entre Alger et Oran.

Recherché par la police judiciaire et les services du Général Massu, il rentra dans la clandestinité et se réfugia dans son village d'Ath Hessane avant de changer de planque.

Son activisme durant la bataille d'Alger, arracha ces mots au général Massu "...Il n'y a que ce salaud de Salem le pâtissier de Bab El Oued qui m'a échappé..."

Plus tard suite à une dénonciation, il fut arrêté par la police française qui le tortura puis l'incarcéra. Il ne fut libéré qu'à l'indépendance.

Une fois libéré en 1962, il retourna à la vie active et refuse l'octroi d'une attestation communale, la pension de Moudjahid ainsi que tous autres privilèges. A Alger, il reprit en gérance la pâtisserie "La Parisienne" durant de très longues années avant de se replier à Tizi Ouzou où il ouvrit boutique la Kahina.

Salem Ramdani, ramena Omar Oussedik dans le giron de l'insurrection du FFS en septembre 1963, contre le régime Ben Bella-Boumediene. C'était son ami et camarade de lutte.

Omar qui fut l'intermédiaire lors des négociations le FFS le pouvoir, alors qu'Ait Ahmed était en prison, devint plus tard ambassadeur du même régime, en Bulgarie.

Salem demanda un jour à Omar les raisons de ce modeste ralliement. Omar admit qu'il n'avait pas d'autre choix s'il voulait protéger sa famille et ses proches des représailles du régime.

Impliqué dans les activités du mouvement culturel berbère, le MCB, de la Ligue Algérienne pour la défense des droits de l'Homme, la LADDH, Salem était militant au Front des Forces Socialistes, le FFS depuis sa création. Il décéda en janvier 2017 à Tizi Ouzou.

## L'état major

« Le colonel Si Salah est venu voir De Gaulle pour négocier. La Wilaya IV n'avait plus d'armement. C'était la Wilaya V qui avait le plus d'armement, en Oranie. Mais il n'y avait pas vraiment de révolution là-bas. Ils voulaient installer leur Wilaya à Oujda. Tout se passait par téléphone. C'était le souhait de Boussouf et Boumediene. Il y avait un autre clan qui voulait installer leur quartier général à Oran. Le fils d'un maquisard qu'ils avaient tué témoigna. Il y eut une communication de Boussouf, afin de se mettre d'accord pour choisir un seul lieu de commandement ».

« Arrivé le jour convenu, ils se retrouvèrent tous en réunion, à Oran. Boumediene, Boussouf et leurs subordonnés exécutèrent alors tous les membres du clan opposé, qui préférait Oran à Oujda, dont le père de celui qui en témoigna ».

Boumediene n'était connu que vers l'indépendance. Mais les soldats de l'armée des frontières, ne savaient pas distinguer les divergences entre les chefs. Ils avaient reçu l'ordre de rentrer par la force, ils le firent. Même jusqu'à aujourd'hui la plupart d'entre eux ne comprennent pas encore ».

« Le colonel Ouamrane était un homme de poigne. Il s'imposait dans les réunions. Mais il était trop nerveux, il tapait sur la table. Pour cette raison manifestement, il fut écarté de la direction. Envoyé comme ambassadeur en Turquie. Mohand Ou Saïd se retrouva avec un poste de ministre d'état, et krim lui en fait une sévère remontrance « comment as-tu accepté un ministère sans porte feuille ? ».

« Boussouf, n'était pas aimé des égyptiens. Ils se méfiaient de lui à cause son réseau des services secrets. Cette antipathie lui valut le refus de son intégration par Ben Bella dans son gouvernement. Ce dernier lui recommanda vivement de quitter le pays. Quat à Boumediene, lorsque Boussouf voulut le rencontrer, il ne voulait même pas le recevoir. Il ne pouvait accepter de travailler avec son ancien chef. Il lui ferait de l'ombre ».

« Le colonel Chabani recommanda un jour à Boumediene et Ben Bella de faire appel à Mohand Oulhaj pour rejoindre le clan de Tlemcen, et d'intégrer le nouveau gouvernement. Boumediene s'y opposa fermement, en justifiant dans ces termes « Mohand Oulhaj va nous ramener avec lui Krim et tous ses anciens camarades ».

Par là Boumediene exprima son aversion pour ce magma d'immenses maquisards de l'intérieur et des chefs politiques imposants, au milieu desquels il deviendrait peu visible».

« Je me trouvais au stade de Fréha et je me tenais au premier rang, pratiquement devant la scène. Boumediene était en train de discourir. Un moment donné, le public se mit à l'applaudir. Mes mains étaient dans mes poches et j'aperçus Boumediene qui balayait du regard à plusieurs reprises l'assistance, et revenait à chaque fois, s'arrêtant, fixant sur mes mains, toujours dans les poches. Il était plutôt roux, pas aussi brun qu'il apparait dans les images».

«J'assistais de nouveau à l'un de ses meetings à Tigzirt. La société où je travaillais à Tizi Ouzou était fermée ce jour-là afin de permettre aux travailleurs d'aller écouter le président ».

« Cela devait être vers l'année 1977, ou peut être l'année suivante. Il félicita les kabyles pour la construction 'je n'aime pas trop complimenter, mais je dois reconnaitre que vous avez construit des maisons avec vos propres moyens'. Il chercha également de la reconnaissance 'Regardez la ville de Tizi Ouzou aujourd'hui, et rappelez-vous ce qu'elle était il y a dix ans'. Il rappelait qu'il avait construit la nouvelle ville. Vers la fin de son discours, il lâcha une lourde phrase. 'A l'intérieur de mes chaussures, au niveau de mes pieds, je ressens des démangeaisons. Au retour au travail, quelqu'un de plutôt averti en politique, interpréta les complaintes du président 'il voulait dire qu'il était menacé de l'intérieur'. Il devait sentir que c'était bientôt la fin ».

« Nous ne l'aimions pas beaucoup en fédération de France du FLN avant même de rentrer au pays. Nous ne l'avions pas soutenu lorsqu'il avait pris le pouvoir de force, durant la crise des Wilayas de l'été 1962. Il nous l'a bien rendu. Juste après son installation, il supprima tous les droits des membres de la fédération de France. Nous ne sommes reconnus que longtemps après lui».

'Lors de la mort de Krim Belkacem, des avions survolaient en permanence Alger. La radio et la télévision ne parlèrent jamais de sa mort. Seuls les journaux transmis sous le manteau pouvaient l'annoncer' se rappelle Fatima.

« Larbi rentra et se mit à parler de l'assassinat de Krim Belkacem. Il montra un journal, qu'il retourna par par la suite à son propriétaire. Cela se passa de la même façon lors de l'évasion d'Ait Ahmed. Mais à chaque fois, il y avait très peu de gens qui en parlaient à Alger. Seuls les moins jeunes savaient le sens des évènements. Beaucoup disaient 'Krim se serait suicidé'.

'La chaine II en kabyle, avait failli plusieurs fois être arrêtée. La direction est passée au tribunal à maintes reprises. Mais Ben Mohammed ne cédait rien'.

'Il y avait une émission de Chrif khedam   -S Alif Alama d lam-'.

Il parlait du Kabyle, comme culture, identité, les origines et comme philosophie sociétale. Les gens disaient de cette émission, grâce à lui, ses invités remarquables, que 'même un âne devient cultivé'.

'L'émission fut arrêtée et Cherif Khedam fut présenté au tribunal. Il ne dut sa relaxation qu'à l'intervention d'une certaine Madame Ben Habylès. C'était une journaliste née en 1924, originaire de Constantine, fille d'un Caïd. Elle finit par s'installer en France, naturalisée, tout en gardant des liens étroits avec l'administration Algérienne'.

'Mme Ben Habylès et Chrif Khedam se connaissaient depuis 1940, en France. La toute première musique Kabyle qu'elle avait entendue était la chanson de Chrif Khedam'. Raconte Fatima Moh Lhaj.

« Je me rappelle de l'une de mes journées de prison aux bois de Vincennes. Une vague de militants allait sortir de prison, ils fêtaient alors l'évènement la veille. Un de nos camarades jouait de la percussion sur une valise et un certain Chrif Khedam chantait ».

## Amirat

« Slimane Amirat, était le chef du groupe de choc à Paris durant la guerre. J'écoutais souvent, comme tous les kabyles, la radio Tanja, captée dans certaines régions du pays. Mais à l'époque, résidant à Yakourène, il m'arrivait de sortir pour vérifier si personne n'écoutait. Notamment à chaque fois que le bruit d'une voiture passant s'arrêtait brusquement devant la maison».

« Slimane Amirat animait une émission depuis le Maroc. Il appelait à l'éveil politique. Sa cible principale était Boumediene. Il fut l'auteur de la fusillade dirigée contre le cortège de Boumediene en 1968 à Alger. Ce dernier fut touché aux lèvres. Il se fit arrêter juste après. Il fut condamné à mort, et son épouse jugée pour complicité et fut condamnée à 20 ans réclusion criminelle non compressibles ».

« Un jour, le président Bourguiba était en visite d'Etat à Alger. En marge de sa rencontre avec Boumediene, il demanda les nouvelles d'un homme, »

- Il y a un révolutionnaire que j'aimerais voir, c'était le tout premier à m'avoir rendu visite au début de la guerre, à Tunis.
- Qui est-ce ? demanda Boumediene

- Le colonel Ouamrane. Répondit Bourguiba.
- Nous sommes en bons termes, je le ferai venir.

« Le colonel Ouamrane vint donc à la rencontre de son vieil ami Tunisien, et profita de la présence de ce dernier ».

- J'aimerais que vous intercédiez dans une affaire, Monsieur le président.
- Une affaire d'Etat ?
- Slimane Amirat est condamné à mort. Je pense que vous pourriez intervenir auprès du président pour lui éviter ça.
- Je vais voir ce que je peux faire.

« Le président Bourguiba revit son homologue algérien, et Slimane Amirat fut gracié. Il put aussitôt s'exiler au Maroc, lui et son épouse ».

« Lors de la journée de commémoration et d'hommages au colonel Mohand Oulhaj au début des années 90 à Bouzeguene, nous y allâmes, Si Rezki N-Bakhlich et moi. Un moment, j'écoutais une conversation de Slimane Amirat avec un groupe de jeunes. Le premier s'adressa à lui en arabe ce à quoi Amirat rétorqua sèchement 'Tu rêves dans quelle langue jeune homme, pour venir me parler ici en arabe !?'».

« Un autre lui demanda si c'était vrai qu'il avait tiré sur Boumediene. Amirat lui répondit très amusé 'ah, je l'ai bien amoché aux lèvres'. Un troisième, entre autres, lui rappela sur un ton détendu, sa conversation avec Abassi Madani en marge du forum démocratique. Amirat continua sur son humeur décontractée 'Je lui ai complètement retourné sa chechia' ».

« Au micro phone, l'animateur annonça qu'Ait Ahmed allait se rendre dans la maison natale de Mohand Oulhaj. Immédiatement après, le capitaine Si El Hafid fut annoncé pour aller faire la visite de la maison du colonel. J'étais alors curieux de savoir si les deux allaient se croiser et se serrer la main ».

A la sortie de la clandestinité du FFS, beaucoup de militants spéculaient sur le coup d'état orchestré par les proches d'Ait Ahmed à l'égard du capitaine Si El Hafid, à qui ils destinaient la présidence du parti.

L'engouement suscité par les funérailles d'Hocine Ait Ahmed, a fait que celle de Si El Hafid Yaha, survenues un mois plus tard, furent un évènement important. Ait Menguellet y fit discours, alors qu'il s'exprimait rarement en public en dehors de sa chanson, en particulier en politique.

Ait Menguellet témoigna alors du rôle qu'a eu Si El Hafid en émigration. 'C'était lui qui me présenta, moi et beaucoup d'autres jeunes militants démocratiques et berbéristes, à Ait Ahmed en France. Que ce soit des réfugiés ou des immigrés, c'est lui qui nous avait réunis et a facilité notre contact avec d'autres figures de la cause démocratique et identitaire'.

« Capitaine Si El Hafid, était un capitaine en recherche après la révolte du FFS. Ait Ahmed, a pu venir en France, il a repris ses études. Il a eu un doctorat en suisse. Mais Yaha Abdel Hafid n'a rien fait de sa vie après l'indépendance. Il a perdu beaucoup de temps ».

## La cause démocratique

Fatima Moh El haj décrit l'évolution de la cause à la fois démocratique et berbère durant les années Boumediene.

'Dans l'opinion générale, même chez les jeunes Kabyles, durant les années 60 et 70, on pensait qu'Ait Ahmed et Krim Belkacem étaient des traitres. Mais loin des oreilles indiscrètes, les gens parlaient quand même, et se disaient le contraire. Mais à partir de l'année 1974, une répression s'abat sur des militants qui tentèrent de manifester à Alger centre, où des disparitions forcées s'ensuivirent, à l'image d'Abid Djemaa de Beni Maouche, qui inspira plus tard la chanson de Matoub 'commissaire' disparu en 1975. Des gens furent torturés. Il y eut depuis comme un sursaut. On avait le sentiment que Boumediene avait peur d'une réaction de l'intérieur et de l'extérieur. Il autorisa alors l'enseignement de la culture Amazigh à l'université de Ben Aknoun par Mouloud Mammeri. La société Kabyle qui cachait tant bien que mal, son aversion pour Boumediene, commençait plus ouvertement à prendre de nouveau ses distances avec le régime. Des journaux et des bouquins circulaient sous le manteau plus fréquemment ».

« Ce que subissait l'une de mes amies travaillant à la radio était parfois insupportable. Lorsqu'ils tentaient de changer la ligne éditoriale de la chaine, ou moins que ça, un écart de la ligne, il leur arrivait de recevoir la visite du chef de l'Etat en personne. Il rentrait dans le siège de la radio et insultait et menaçait tous les journalistes, dans un langage, un vocabulaire d'une vulgarité indicible en société Kabyle ».

## Les chanteurs

« A l'époque, à Paris, les chanteurs kabyles très connus chantaient dans les cafés maures, les bistrots, dont les kabyles étaient propriétaires. C'était souvent le cas à la bastille ».

« **Zerrouki Allaoua** avait l'habitude de chanter dans un bar à la bastille. Il mettait un tarbouch turc lorsqu'il était sur scène. Sa femme et son fils l'accompagnaient souvent lorsqu'il avait un concert. En dehors de ces moments formels, il avait pour habitude de jouer aux dominos avec de modestes gens, dans un café du $12^{\text{ème}}$ arrondissement ».

« **Mustapha el Anka** venait lui aussi faire des soirées musicales dans les quartiers des Algériens. Il chantait, mais il finit très vite par verser dans le cinéma ».

« **Farid Ali** était un grand chanteur de la révolution. Il fit même un voyage en Yougoslavie avec sa femme pour y représenter la révolution algérienne. Il chantait à Paris dans les bistrots des Algériens, mais des gens le balançaient auprès des autorités sur le contenu un peu trop engagé de ses textes. Il finit alors par quitter l'hexagone et vint se réfugier en Tunisie. Mais à l'indépendance, il était très déçu quand il vit l'ampleur de la trahison dont était l'auteur Boumediene. Il avait l'amertume de voir que beaucoup de grands militants étaient écartés ».

« Lorsque j'étais à Yakourène, j'écoutais la radio, ils annoncèrent alors qu'il était hospitalisé à Boghni. Il était très malade. L'animateur de la radio suggérait qu'il était temps pour ceux qui voudraient s'y déplacer pour lui rendre visite. Vers la fin, il n'avait plus le moral, il buvait et il portait souvent une casquette rouge ».

«**Slimane Azem** chantait et revendiquait la révolution durant les premiers temps de la guerre. Il finit un jour par être mouchardé auprès de l'administration sur ses messages. Il se fit arrêter. Son frère Azem Ouali, devenu député peu après, le fit sortir de prison en France. Il l'obligea à porter l'uniforme et le ramena de force, en uniforme, dans son village natal, pour le discréditer aux yeux de la population, et surtout aux yeux des maquisards de l'ALN qui le connaissaient ».

« Il retourna en France peu après. Bien plus tard, mais toujours pendant la guerre, il fut invité un jour, pour chanter dans un bistrot, à Paris. Le sigle FLN était alors inscrit sur le mur derrière la scène.

Il le vit et s'arrêta. Après un instant, pensif, il exigeât de l'enlever. C'était sa condition pour qu'il animât le concert. Les organisateurs répondirent à sa demande. Il était messaliste, il le resta jusqu'au bout. Ce que confirma également son vieil ami Kamel Hamadi ».

« Un jour, Slimane Azem chantait dans un bistro à la Bastille, on écoutait tous attentivement. Un ami qui était assis à côté moi, avait un peu bu, me chantait à l'oreille des chansons de cheikh el Hasnaoui. Ça m'a bien amusé ».

« **Ben Mohamed** était connu pour être animateur de la radio. C'était un poète. Il a produit des textes pour beaucoup de chanteurs. Il avait essayé de chanter lui aussi, à son tour, mais il n'avait pas une belle voix. Il se résolut alors à se consacrer à la poésie ».

« Un jour, Ait Menguellet, allait faire un spectacle avec Ben Mohamed. La direction culturelle lui répondit « Toi oui, mais Ben

Mohamed ce ne sera pas possible ». Et là Ait Menguellet rétorqua sans concession « Ce sera non pour nous deux alors, nous repartons tous».

« Ben Mohamed parlait franchement à la radio. Parfois il se faisait arrêter pour ça. J'ai en mémoire l'une de ses fameuses phrases 'Celui qui tue un seul homme est un meurtrier. Celui qui en tue dix est un chef. Pour celui qui en tue un millier, je préfère encore me taire'. C'est un résistant ».

Mbarek Ait Menguellet

Ouali Benaï- 1917-1957

Ould Hamouda Amar

Mohand Said Mazouzi

Mohand Saïd Mazouzi.
Dellys -1924-2016

Mohamed Zerouali -
1921 -1993 Dellys

Mohand ou Abderrahmane Ait Slimane. 1925-2002. Militant du PPA, membre de la fédération de France du FLN.

**Devant l'ancien hôtel, 52 Rue saint Sabin. La Bastille.**
L'hôtel est remplacé par une nouvelle bâtisse.

Moh Lhaj Tégaoua-1919-1962.

Wardia Moh Amechtoh

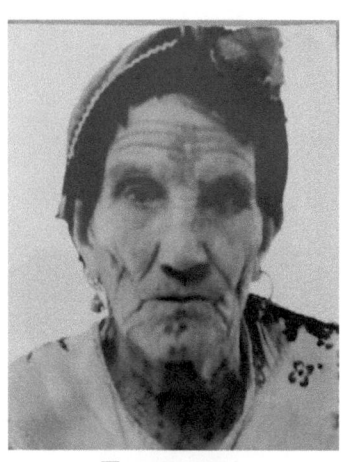

Tagawawt
mère de Wardia

Avec Fatima Moh El Haj

Abderrahmane 1895-1978

Tassadit Meziane
Epouse de Mhend ou-Slimane
Grand mère maternelle de Hamid

Ahmed ou-Abderrahmane

1928-2004

Hamid Ait Slimane
Fils d'Ahmed

Mohand Igherviene

Mohand Sahoui. Azazga, 2016. Ancien membre de l'OS. Militant de la fédération de France.

Mohand Arezki Ouakouak

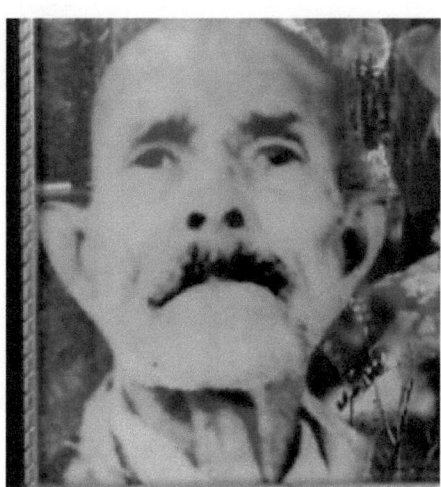

Moh Amechtoh

Taguemount -
Epouse de Moh Amechtoh

Ahmed Moh Amechtoh
Adghar

Wrida G Yahia-
Epouse d'Ahmed

Mohand ou-Idir –France

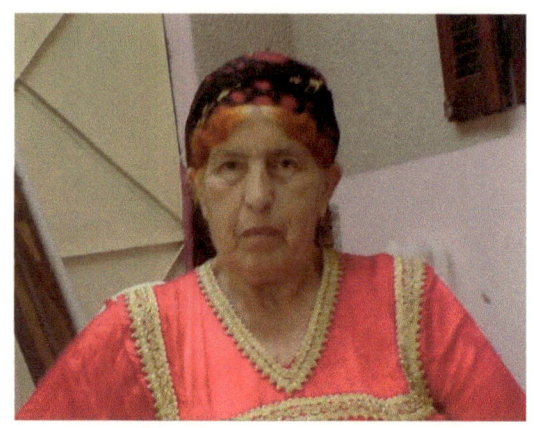
Fatima N Si-Ahmed
Ath Cheikh, Bounsiar.

Maison de Yakourène-Tizi Tghidet

Ifri Ouzelaguen,
20 Aout 2019.

Mohand ou Idir Ait Slimane - Iazouzen – Maison d'Abane

Mokrane Ait Larbi entre autres …vers la maison du congrès de la Soummam

20 Août 2019- Ifri Ouzelaguen

Alger, la Grand poste, Aout 2019.

Avec Sadia, Alger 2018

Devant la statue de Didouche Mourad Ibsekrien- Aghribs

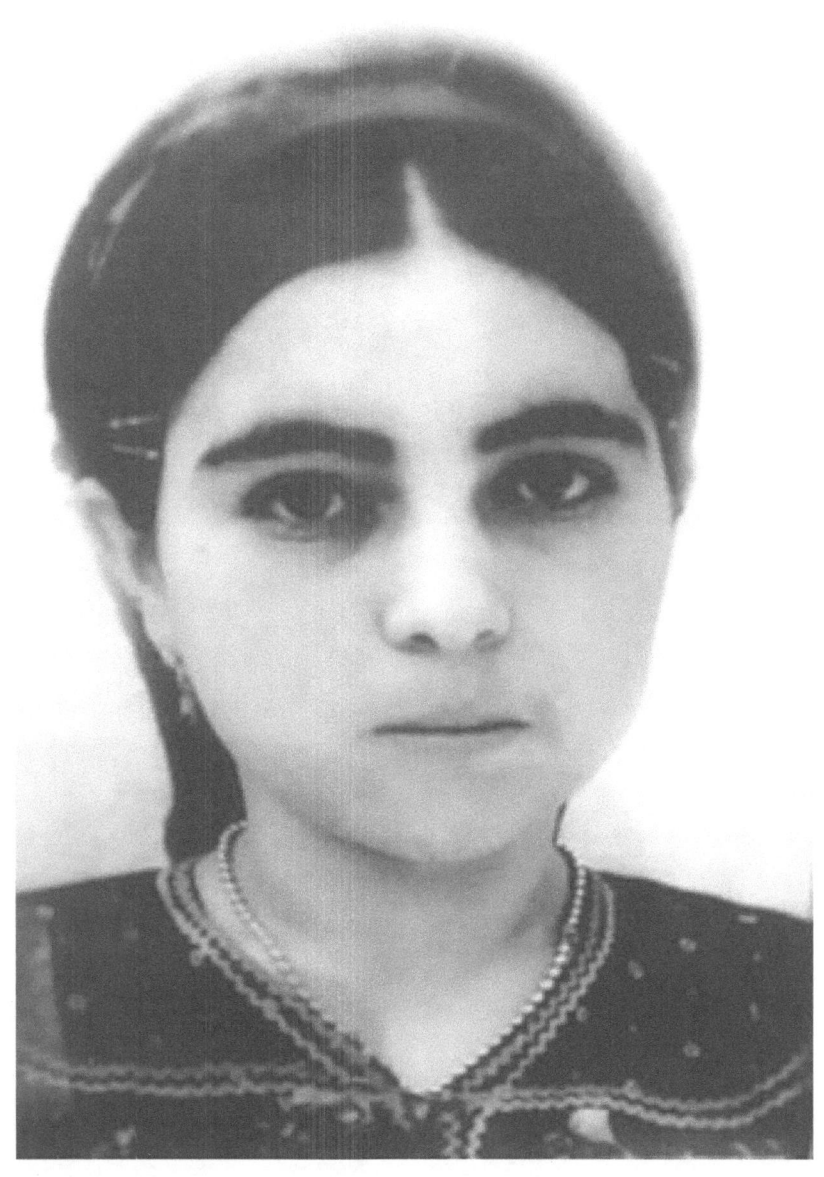

**Sadia**

Salem Ramdani-
1926-2017

Intérieur de la maison du congrès de la Soummam

La Soummam

Oussaïd Kaci, dit
Kaci N Amara. 1894-1957

Fatima Moh Lhaj et Mohand ou Idir.
Basilique Sacré cœur –Paris- Mai 2018.

Mohand ou Idir -Place de la Bastille

Colonel Mohand Ou-Lhaj, Commandant Hmimi, Cdt Moh Ouali

**Bibliographie**

Le Monde du 20 août 1958- par Par MICHEL THIEBAULT

El Watan du 16 février 2017- par Salah Yermèche

http://ait-salah.tripod.com/famillleaitkaci.html par ACHIT L'ARBI :

**FB :** Kamal Mammar, Cherif Melbouci.

https://www.fondationmessali.org/Mohamed%20Zerouali.html
Par Yacine Ben Jilani

Témoignages de Moh Amechtoh recueillis par : Mohand Adghar

Les témoignages oraux de Mohand ou-Idir Ait Slimane, les seuls délimités par des guillemets du type « …. ».

Autres témoignages délimités par des guillemets du type '….'.